国家“双一流”建设学科
辽宁大学应用经济学系列丛书
青年学者系列
总主编◎林木西

对外贸易与我国收入差距研究

——增加值贸易视角的比较分析

Research on the International Trade and Income Disparity in China
– Comparative Analysis of Trade from Value Added Perspective

刘 爽 著

中国财经出版传媒集团
经济科学出版社
Economic Science Press

图书在版编目（CIP）数据

对外贸易与我国收入差距研究：增加值贸易视角的比较分析/刘爽著. —北京：经济科学出版社，2018.8
（辽宁大学应用经济学系列丛书. 青年学者系列）
ISBN 978-7-5141-9764-8

Ⅰ. ①对… Ⅱ. ①刘… Ⅲ. ①对外贸易-关系-居民收入-收入差距-研究-中国 Ⅳ. ①F752②F126.2

中国版本图书馆 CIP 数据核字（2018）第 217535 号

责任编辑：于海汛 王 莹
责任校对：蒋子明
责任印制：李 鹏

对外贸易与我国收入差距研究
——增加值贸易视角的比较分析
刘 爽 著
经济科学出版社出版、发行 新华书店经销
社址：北京市海淀区阜成路甲 28 号 邮编：100142
总编部电话：010-88191217 发行部电话：010-88191522
网址：www.esp.com.cn
电子邮件：esp@esp.com.cn
天猫网店：经济科学出版社旗舰店
网址：http://jjkxcbs.tmall.com
北京季蜂印刷有限公司印装
710×1000 16 开 8.75 印张 120000 字
2018 年 10 月第 1 版 2018 年 10 月第 1 次印刷
ISBN 978-7-5141-9764-8 定价：30.00 元
（图书出现印装问题，本社负责调换。电话：010-88191510）

总　序

本丛书为国家“双一流”建设学科辽宁大学“应用经济学”系列丛书，也是我主编的第三套系列丛书。前两套丛书出版后，总体看效果还可以：第一套是《国民经济学系列丛书》（2005年至今已出版13部），2011年被列入“十二五”国家重点出版物出版规划项目；第二套是《东北老工业基地全面振兴系列丛书》（共10部），在列入“十二五”国家重点出版物出版规划项目的同时，还被确定为2011年“十二五”规划400种精品项目（社科与人文科学155种）。围绕这两套系列丛书还取得了一系列成果，获得了一些奖项。

主编系列丛书从某种意义上说是“打造概念”。比如说第一套系列丛书也是全国第一套国民经济学系列丛书，主要为辽宁大学国民经济学国家重点学科“树立形象”；第二套则是在辽宁大学连续获得国家社科基金“八五”至“十一五”重大（点）项目，围绕东北（辽宁）老工业基地调整改造和全面振兴进行系统研究和滚动研究的基础上持续进行探索的结果，为促进我校区域经济学建设、服务地方经济做出了新贡献。在这一过程中，既出成果也带队伍、建平台、组团队，我校应用经济学学科建设也不断跃上新台阶。

主编第三套丛书旨在使辽宁大学应用经济学一级学科建设有一个更大的发展。辽宁大学应用经济学学科的历史说长不长、说短不短。早在1958年建校伊始，便设立了经济系、财政系、计统系等9个系，其中经济系由原东北财经学院的工业经济、农业经济、贸易经济三系合成，财税系和计统系即原东北财经学院的财信系、计统系。后来院系调整，将经济系留在沈阳的辽宁大学，将财政系、计统系迁到大连组建辽宁财经学院（即现东北财经大学前身），对工业经济、农业经济、贸易经济三个专业的学生培养到毕业为止。由此形成了辽宁大学重点发展理论经济学（主要是政治经济学）、辽宁财经学院重点发展应用经济学的大体格局。实际上，后来辽宁大学也发展了应用经济学，东北财经大学也发展了理论经济学，发展得都不错。1978 年，辽宁大学恢复招收工业经济本科生，1980 年受人民银行总行委托、经教育部批准开始招收国际金融本科生，1984 年辽宁大学在全国第一批成立了经济管理学院，增设计划统计、会计、保险、投资经济、国际贸易等本科专业。到 20 世纪 90 年代中期，辽宁大学已有西方经济学、世界经济、国民经济管理、国际金融、工业经济 5 个二级学科博士点，当时在全国同类院校似不多见。1998 年建立国家重点教学基地“辽宁大学国家经济学基础人才培养基地”，同年获批建设第二批教育部人文社科重点研究基地“辽宁大学比较经济体制研究中心”（2010 年改为“转型国家经济政治研究中心”）。2000 年，辽宁大学在理论经济学一级学科博士点评审中名列全国第一；2003 年，辽宁大学在应用经济学一级学科博士点评审中并列全国第一；2010 年，新增金融、应用统计、税务、国际商务、保险等全国首批应用经济学类专业学位硕士点；2011 年，获全国第一批统计学一级学科博士点，从而实现了经济学、统计学一级学科博士点“大满贯”。

在二级学科重点学科建设方面，1984 年，外国经济思想史即后来的西方经济学、政治经济学被评为省级重点学科；1995 年，西方经济学被评为省级重点学科，国民经济管理被确定为省级重点扶持学科；1997 年，西方经济学、国际经济学、国民经济管理被评为省级重点学科和重点扶持学科；2002 年、2007 年国民经济学、世界经济连续两届被评为国家重点学科；2007 年，金融学被评为国家重点学科。

在一级学科重点学科建设方面，2017 年 9 月，被教育部、财政部、国家发展和改革委员会确定为国家“双一流”建设学科。辽宁大学确定的世界一流学科建设口径范围为“应用经济学”，所对应的一级学科为应用经济学和理论经济学，成为东北地区唯一一个经济学科“双一流”建设学科。这是我校继1997年成为“211”工程重点建设高校20年之后学科建设的又一次重大跨越，也是辽宁大学经济学科三代人共同努力的结果。此前，应用经济学、理论经济学于2008年被评为第一批一级学科省级重点学科，2009年被确定为辽宁省“提升高等学校核心竞争力特色学科建设工程”高水平重点学科，2014年被确定为辽宁省一流特色学科第一层次学科，2016年被辽宁省人民政府确定为省一流学科。

在“211工程”建设方面，应用经济学一级学科在“九五”立项的重点学科建设项目是“国民经济学与城市发展”“世界经济与金融”；“十五”立项的重点学科建设项目是“辽宁城市经济”；“211工程”三期立项的重点学科建设项目是“东北老工业基地全面振兴”“金融可持续协调发展理论与政策”，基本上是围绕国家重点学科和省级重点学科而展开的。

经过多年的学科积淀与发展，辽宁大学应用经济学、理论经济学、统计学“三箭齐发”，国民经济学、世界经济、金融学国家重点学科“率先突破”，由“万人计划”领军人才、长江学者特聘教授领衔，中青年学术骨干梯次跟进，形成了一大批高水平的学术成果，培养出一批又一批优秀人才，多次获得国家级科研、教学奖励，在服务东北老工业基地全面振兴等方面做出了积极的贡献。

编写这套《辽宁大学应用经济学系列丛书》主要有三个目的：

一是促进“应用经济学”一流学科全面发展。以往辽宁大学应用经济学主要依托国民经济学和金融学国家重点学科和省级重点学科进行建设，取得了重要进展。这个“特色发展”的总体思路无疑是正确的。进入“十三五”时期，根据“双一流”建设需要，本学科确定了区域经济学、产业经济学与东北振兴，世界经济、国际贸易学与东北亚合作，国民经济学与地方政府创新，金融学、财政学与区域发展，政治经济学与理论创新等五个学科方向。其目标是到2020年，努力将本学科建设成为立足于东北经济社会发展、为东北振兴和东北亚合作做出应有贡献的一流学科。因此，本套丛书旨在为实现这一目标提供更大的平台支持。

二是加快培养中青年骨干教师茁壮成长。目前，本学科已建成由长江学者特聘教授、“万人计划”第一批教学名师、国务院学位委员会学科评议组成员、全国高校首届国家级教学名师领衔，“万人计划”哲学社会科学领军人才、教育部新世纪优秀人才、教育部教指委委员、省级教学名师、校级中青年骨干教师为中坚，以老带新、新老交替的学术梯队。本丛书设学术、青年学者、教材三个子系列，重点出版中青年教师的学术著作，带动他们尽快脱颖而出，力争早日担纲学科建设。本丛书设立教材系列的目的是促进教学与科研齐头并进。

三是在经济新常态、新时代、新一轮东北老工业基地全面振兴中做出更大贡献。面对新形势、新任务、新考验，我们力争提供更多具有原创性的科研成果、具有较大影响的教学改革成果、具有更高决策咨询价值的“智库”成果。

这套系列丛书的出版，得到了辽宁大学党委书记周浩波教授、校长潘一山教授和中国财经出版传媒集团副总经理、经济科学出版社社长吕萍的支持。在丛书出版之际，谨向所有关心支持辽宁大学应用经济学建设和发展的各界朋友，向辛勤付出的学科团队成员表示衷心的感谢！

林木西

2018 年劳动节于蕙星楼

前言

经过40年的改革开放，中国经济取得了举世瞩目的经济成就。但是，在我国经济持续增长、人均收入稳步提高的同时，在收入分布层面，可以发现我国（不包含港、澳、台地区相关研究数据，全书同）不同人群的收入差距在更多年份呈现不断扩大的趋势。具体表现在整体收入差距的扩大、不同区域间收入差距的扩大、不同行业间收入差距的扩大，这必将在短期内影响我国的经济波动，长期影响我国的经济增长。同时，对外贸易作为一个国家在全球范围内优化资源配置的一种方式，无疑对资源和收入具有分配的功能。因而，研究和梳理对外贸易影响我国收入差距的逻辑结构和传导机制具有重大的理论意义。同时，在经验上研究对外贸易影响我国收入差距的方向和强度，具有重大的现实意义。

当前，全球化深入发展，改变了原有的国际分工模式，对外贸易的方式发生了深刻的变化。每个国家在全球分工的生产链条中仅占有一个或几个少数环节，实质上进入了全球的垂直专业化生产阶段，这使得产品内贸易迅速发展。在此背景下，应该考虑用新近发展的增加值贸易核算方法，得到增加值进出口总额，以其为对外贸易发展程度的指标，考察对外贸易与收入差距的关系，将实证结果与利用传统的总值贸易核算方法得到的实证结果进行比较。

从我国的研究实践来看，尽管利用传统的贸易核算方式研究收入差距问题已经得到了长足的发展，但是，对外贸易对我国国内收入差距的影响这一问题仍然是一个具有广泛争议性的研究问题，不同的学者得到不一致的结果，甚至是相反的结论。究其原因，也可能是源于样本的选择差异，也可能是源于采取的计量方法不同，还有一个主要的原因是理论与方法没有随着国际垂直专业化的变化而做出相应的调整。

本书的主要目的是分别在增加值贸易核算和传统贸易核算两种不同的核算方法下，分析对外贸易与收入差距之间的关系，并将结果进行比较分析。如果对外贸易对收入的差距有影响，进一步理解这一机制产生的原因、形成过程并进行量化研究，就会有利于全面评价对外贸易在经济发展中的作用。

本书引入了近些年发展起来的增加值贸易理论与核算方法，在此基础上，研究对外贸易对国内收入差距的影响。研究主要分三个层次进行展开：第一，在总结我国对外贸易现状和我国整体收入差距现状基础上，实证分析对外贸易对我国整体收入差距的影响；第二，在总结我国对外贸易现状和我国东部、中部、西部收入差距现状基础上，实证研究对外贸易对我国区域间收入差距的影响；第三，在总结我国对外贸易现状和我国行业间收入差距现状基础上，实证分析了对外贸易对我国行业间收入差距的影响。同时，把增加值贸易核算方法下的实证结果与传统贸易核算方法下得到的实证结果进行了比较分析。

研究结果显示，无论在整体层面，还是在区域层面以及行业层面，对外贸易对我国收入差距的影响，均呈现出非线性的倒U形关系，增加值贸易核算方式与传统贸易核算方式两种不同核算方法下，拐点具有交错性特点。同时，实证研究显示，我国人力资本积累、要素自由流动程度、资本效率提高均对我国收入差距扩大趋势具有矫正作用。

需要说明的是，本书是在本人博士毕业论文基础上修改完成的。首先，感谢我的博士论文指导老师崔日明教授，感谢崔老师从论文的选题到论证框架的悉心指导；其次，感谢辽宁大学的王厚双教授、刘钧霆教授、和军教授、首都经贸大学的林桂军教授、南开大学的盛斌教授，他们在博士论文的写作和答辩过程中提出了建设性建议；再次，感谢辽宁大学的林木西教授，正是在林老师的不断关心和鼓励下，本书才能够得以出版；最后，感谢辽宁大学应用经济学流学科建设办公室王璐主任为本书出版付出的辛苦工作。当然，本书的任何不完善之处以及错误均属于作者本人。

本书得到了国家留学基金资助（批准号：201708210408），也是辽宁大学亚洲研究中心 2018 年度研究项目（项目号：Y201805）的最终成果。

目 录

第一章

绪　论

第一节　研究背景

1978 年，党和国家将对外开放确定为我国的基本国策。从此之后我国的开放水平逐步提高，一系列经济指标充分显示了这一点。从我国的进出口总额来看，由 1978 年的 206.4 亿美元增加到 2014 年的 43015.2 亿美元，平均增长速度为 155.24%。其中，进口总额由 1978 年的 108.9 亿美元上升到 2014 年的 19592.3 亿美元，年均增长速度为 150.66%。出口总额的增长更为显著，由 1978 年 97.5 亿美元增加至 2014 年的 23422.9 亿美元，平均每年增长速度达到了 159.69%。伴随着我国进出口数量的增长，我国在世界贸易中的地位逐年上升，对外贸易总额由 1978 年的世界第 26 位提升到 2015 年的世界第 1 位。其中，2015 年的进口总额排名世界第 2 位，出口总额排名世界第 1 位，成为世界第一贸易大国。

与此同时，也应该看到，在我国对外贸易规模持续扩大的同时，我国的收入差距也呈现出不断扩大的趋势。从整体收入差距来看，我国的基尼系数已经由 1978 年的 0.28 上升到 2014 年的 0.47。按照联合国的收入差距标准，我国已经从收入差距较小国家转变为收入差距较大国家，收入不平等状况比较严重。此外，我国收入差距的扩大不仅表现为我国整体的收入差距的不断扩大，而且从结构上看，也表现为东部、中部和西部间收入差距的扩大趋势，行业间收入差距的扩大趋势。从东部、中部和西部间收入差距来看，如果以泰尔指数作为刻画区域收入差距的指标，在 1991 年，泰尔系数为 0. 060403，到了 2014 年，泰尔系数已经上升到 0. 201445。从行业收入差距来看，最高收入行业的平均工资与最低收入行业的平均工资相比，已经由 1978 的 1. 03 倍提高到 2014 年 2. 45 倍，这个倍数曾经有 10 年左右一度达到 4 ~5 倍。收入差距的扩大已经严重地损害了社会稳定，引起了诸多政治、经济和社会问题，从经济层面上讲，对我国经济的健康、持续、稳定地发展构成了巨大隐患。

因而，改革开放以来，可以确定一个典型的特征事实是，平均来说，伴随着我国对外贸易规模的持续扩张，无论用什么指标来衡量，我国的收入差距也是在不断地拉大。一个问题也就随之产生，我国收入差距扩大是否与我国对外贸易活动有关，或者说，我国的对外开放是我国收入差距扩大的一个原因吗？这需要进行严谨的理论分析和翔实的实证检验，而且这个命题也是经典的对外开放的主要经济效应之一，需要结合我国经济运行实际进行理论和实证说明。

第二节　研究目的与意义

本书的研究目的就在于实证分析我国的对外贸易活动与我国收入差距之间的相关性问题。如果二者有相关性，是单一的线性相关关系，还是非单一的非线性关系？其中的传导机制是什么？对外贸易对收入差距影响的强度在数量上有多大？

研究我国对外贸易对我国国内收入差距的影响，实质上就是对外贸易理论中对外贸易对收入分配影响的一个研究方向。对外贸易与收入分配问题通常沿着两个方向展开：第一个方向，研究对外贸易总收益在国际上参与对外贸易国家间的收入分配问题；第二个方向，研究对外贸易收益如何在本国国内进行收入分配问题。本书实质上是沿着第二个研究方向进行的深入研究，因为对外贸易总收益在国内的收入分配必然会影响不同主体和不同区域的收入差距。

对外贸易与国内收入差距的关系一直都是经济学者的重点研究领域，研究成果很多，但是迄今为止，无论在理论研究上还是在实证研究上，经济学者并没有得出一致的结论。从理论层面来看，有些理论在逻辑结构上得出了对外贸易与国内收入差距正相关的关系，但另外一些理论却持相反的结论。从实证层面上来看，依据不同理论建立的理论模型可能会得到不同的实证结果；同时，即使依据同一理论，而采用不同国家或地区的实际经济运行数据，实证结果也呈现较大的差别，甚至截然相反的实证结果。究其原因，这可能源于不同国家或地区之间的约束条件不同，比如，不同国家存在着要素禀赋差异、技术水平差异、制度差异和经济结构差异；也可能源于选取的数据的差异，从而得到了不同的实证结果。

因此，需要结合我国具体的约束条件和经济运行实际，在选择适当的理论模型作为实证研究前提的基础上，进而科学地选择样本和数据，深入而系统地研究我国对外贸易与收入差距之间的相关性及影响强度，无论是在发展符合我国具体约束条件的社会主义经济理论方面，还是在帮助我们准确地认识引起我国收入差距的原因方面，进而提出相应的缩小收入差距的政策制订的实践等方面，对于解决我国由收入差距引起的诸多政治、经济和社会问题，保证我国经济健康、持续、稳定地发展，构建我国开放的现代化经济体系，都具有重大的理论意义和实践意义。

第三节 研究方法和分析框架

本书采用理论分析和实证分析相结合的方法，将在相关的已有研究的基础上，对我国对外贸易与收入差距之间的关系进行系统的理论研究和实证分析。不仅从经验上得到了对外贸易对收入差距影响的参数值，还指出了对外贸易影响收入差距的传导渠道和机制。本书的核心问题虽然是研究我国对外贸易与收入差距之间的相关性及强度，是实证分析范畴，但任何实证分析均要以一定的理论结构作为分析的基础，所以本书将首先综述相关的理论原理。因为只有相应的理论结构才能揭示经济变量之间的因果关系，由此实证分析才能研究相应的解释变量和被解释变量。因而，在研究顺序上，本书将系统地梳理对外贸易理论中关于对外贸易与收入差距之间逻辑关系的理论，依照对外贸易理论的创新脉络，从传统的贸易理论到新近的前沿贸易理论进行理论回顾。将这些理论作为本书实证分析的基础，结合我国经济特有的约束条件，把这些符合中国的特征事实引入到实证分析模型之中。

相应地，本书的分析框架如图 1－1 所示。

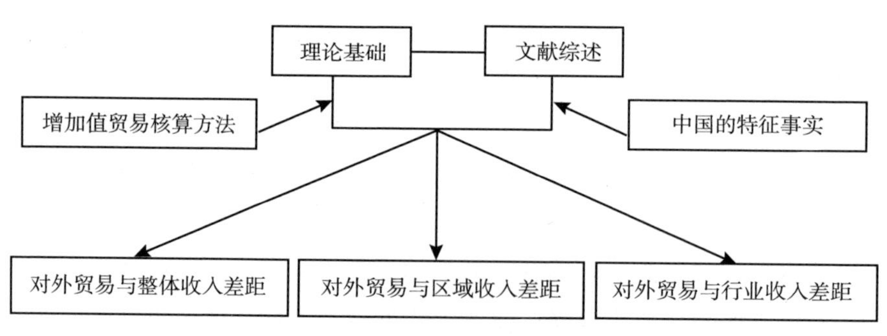

图 1－1　本书的分析框架

第四节　实证研究的文献综述

有关对外贸易和收入差距之间关系的实证研究，国外、国内的学者以不同国家或地区为样本进行了实证研究，相关成果和著述非常丰富，下面仅综述一些重要且与本书相关的代表性文献。从实证研究的结果看，更多文献的实证结果支持对外贸易会扩大国内收入差距的结论，但也有部分实证成果的结论是相反的，即对外贸易将会缩小国内收入差距。还有一部分实证结果认为，对外贸易与国内收入差距的关系具有不确定性，根据约束条件不同，会有不同的实证结论。

一、国外的代表性实证研究

下面将区分为对外贸易会扩大收入差距、对外贸易会缩小收入差距、对外贸易对收入差距的影响具有不确定性三种情况，介绍国外学者的相关实证研究。

（一）对外贸易扩大收入差距的代表性文献

布吉尼翁和莫里森（2002）实证分析对外贸易与收入差距之间的关系。他们的实证结果显示，在控制了要素禀赋状况以及资源状况后，对外贸易开放程度仍然会对发展中国家的内部收入差距有显著影响。他们解释道，因为实施了贸易保护政策，那么对外贸易会使得非技能型工人的工资收入下降，这必然导致了发展中国家内部的收入差距扩大。

姜天伦等（1996）通过使用传统的新古典经济模型，通过 σ 和 β 收敛检验方法，实证地研究了我国区域间的收入差距问题。他们用我国 1952 ~ 1993 年的人均产出数据，进行了分阶段实证研究。他们发现，我国的对外贸易和市场化程度与区域间收入差距具有显著相关性。这是我国 20 世纪 90 年代以后沿海与内地地区之间收入差距持续拉大的主要原因。直观上，这主要源于沿海地区具有特有的区位优势，进而导致对外贸易更加开放，要素流动更加频繁，因而经济发展更趋于收敛，这导致了我国区域间的收入差距扩大。

菲斯特拉和汉森（1996）的文章对美国的收入差距历史进行了实证分析，研究样本包括美国 435 个行业，时间跨度为 1972 ~ 1990 年。研究结果显示，对于美国等发达国家，对外贸易影响收入差距的传导通道是外包行为。当外包行为持续发生时，国内对非技能劳动者的需求将会下降，这必将扩大工资差距。进一步地，他们的研究结论指出，对外贸易内生化为技术进步，而这种技术进步又是偏向型的，因而对外贸易进而内生化的偏向型技术进步共同引起了收入差距的持续扩大。

藤田昌久和胡大鹏（2001）在新经济地理学的分析框架下，以产业集聚视角，研究了我国的区域间收入差距问题。他们的样本期为1985～1994年，实证结果表明，对外贸易和和外商直接投资促使制造业向沿海地区集聚，这引起了我国内陆地区与沿海地区间收入差距的持续恶化。

格林和迪克森（2001）用比较的实证分析方法，考察了巴西的对外贸易与收入差距之间的关系。通过对比巴西贸易自由化前后就业构成和劳动者工资水平，观察到了巴西的对外贸易引致了技能偏向型技术扩散，这使得技能型劳动者的收入水平提高了，这必然导致技能型劳动者、非技能型劳动者之间的收入差距。虽然巴西高学历劳动者所占比重比较低，这种收入差距的扩大不太显著，但仍然是存在的。

杨大利（2002）则从制度角度研究了对外贸易对收入差距的影响，由于我国采取的渐近式改革方式，因而对外开放程度在我国各地区间是非平衡的。总体来看，我国内地在对外开放时间上相对滞后，导致了沿海地区在对外贸易等方面具有显著的制度优势，这加剧沿海与内地之间发展的差距。

胡大鹏（2002）构建了一个空间集聚计量模型，回归结果揭示，制造业在沿海地区的集聚源于其区位优势，这是沿海地区与内地间收入差距持续扩大的重要原因。与此同时，由于我国区域间的劳动生产要素不能够自由流动，因而沿海地区所集聚产业的劳动要素投入主要是本区域劳动者，这进一步拉大了沿海与内地间的收入差距。

凯伯和张晓波（1999，2005）的实证研究表明，无论是使用有效关税率作为对外开放的指标，还是使用贸易依存度作为对外开放的指标，当对外开放程度提高时，均会明显地拉大我国区域间的收入差距。与此同时，由于中国的劳动者缺乏跨区域间的流动，这导致了即使在长期中，欠发达地区的劳动者也不能流动到沿海地区，导致了我国区域间长期内收入差距也无法得到改善。

在派瑞和奥拉瑞哥（2006）的经验研究中，使用时间跨度为 1980 ~ 1990 年的 17 个拉美国家作为样本。他们的实证结果显示，对外贸易与收入差距之间具有很强的正相关性。直观解释是，对外贸易的动态效应导致了技术偏向型的技术进步，拉大了收入差距。

（二）对外贸易缩小收入差距的代表性文献

费希尔（1992）依据一个动态的两要素模型，实证结果显示，对于在一个劳动丰裕的国家而言，对外贸易将会缩小收入差距。

道金等（2004）扩展了引力模型，将异质性消费者偏好纳入引力模型之中，将产品分为奢侈品和必需品两类。通过对美国家庭预算与收入关系的考察，结果表明，对必需品的进口降低了美国国内收入差距。

阿西莫格鲁（2003）从内生技术进步角度进行了考察，他认为在短期中由于高技能劳动供给的增加，会降低高技能劳动者的收入，从而缩小了高技能劳动者和低技能劳动者之间的收入差距。

格登（2006）以引力模型为理论基础，通过使用 75 个国家的数据研究了开放对收入差距的影响，实证结果发现，对于拥有充足的受过初等教育劳动者的国家而言，对外贸易有力地降低收入差距。

（三）对外贸易对收入差距具有不确定性影响的代表性文献

林特文（1998）对发展中国家截面数据的分析表明，本国的人力资本禀赋状况差异，是对外贸易与国内收入差距间关系的关键变量。他的研究结果表明，由于初等教育水平较好的地区制成品出口比例通常较高，因而，初等教育水平密度较大地区的收入差距较小，而出口结构中初级产品占比较低的地区收入差距较大。

安德利亚（1998）通过使用比较的实证方法，研究了对外贸易与收入差距之间关系。实证研究结果表明，对外贸易对收入差距的影响会因为是否是发展中国家有关。他认为，从 20 世纪 80 年代开始，对外贸易的提高加剧了发展中国家的收入分配差距，但对发达国家而言没有影响。

斯华伯格（1999）以传统的要素禀赋理论作为实证理论基础，研究了对外贸易对收入差距的影响。他的研究结论是，对外贸易与收入差距之间的关系是不确定的，主要受初始的要素禀赋影响。对于一个土地或资本丰裕型国家，对外贸易会使得收入差距降低。而对于一个技术丰裕国家，对外贸易却会使该国收入差距扩大。

派卓尼和姚玉东（2006）在新古典经济增长框架内，在实证分析中使用非平稳面板技术，用区域间收入收敛方法研究了我国区域间的收入差距状况。他们认为，改革开放以来，中国省际间的收入水平没有收敛的趋势，既不是俱乐部收敛解释，也不能用各省间的对外开放制度差异来解释，而是趋于发散的。他们认为区域间差距扩大的至关重要变量是省际间产品市场分割及各省间劳动流动壁垒。所以他们认为，对外开放条件下统一的要素市场和产品市场的建立，是促使区域收敛的重要因素。

二、国内的代表性实证研究

对于对外贸易与收入差距之间关系，国内学者也从不同视角进行了广泛而深入地研究。下面，也将区分为对外贸易扩大收入差距、对外贸易缩小收入差距、对外贸易与收入差距之间具有不确定性关系三种情况，介绍国内学者的相关实证研究。

（一）对外贸易扩大收入差距的代表性文献

沈坤荣和马俊（2002）的实证研究结论是，对外贸易具有效率提高效应。但因为我国地域广阔，区域之间在自然禀赋、地理区位、产业结构等三方面都存在显著差异，这导致了区域间对外贸易程度不均匀分布。这时，对外贸易引致的效率提高效应必然也是不平衡的，这种源于效率提高效应的不均等必然扩大了区域间收入差距。

俞会新（2002）通过分阶段考察我国 1995 ~ 1997 样本区间、1998 ~ 2000 样本区间内，使用我国的 33 个细分行业的数据进行回归分析，认为对外贸易引起了我国出口行业相对工资上升，而进口行业相对工资下降了，这导致了不同行业间劳动者收入差距扩大。

兰宜生（2002）则从对外开放与经济增长关系角度，研究了对外开放程度差异对经济增长的影响。研究结果表明，各区域间对外开放程度与经济增长之间有很强的正相关性。因为东部地区贸易规模和对外开放水平明显地比中西部地区好，因此东部地区增长速度快于中西部地区，这导致了我国东、中、西部地区间的收入差距持续扩大。

鲁晓东（2007）根据我国1995～2005年间31个省份的实际运行数据，研究了对外贸易和收入差距间的关系。结果表明，我国对外贸易程度的提高明显地扩大了我国的收入差距。另外，他还对区域间和行业间收入差距进行了分析，得出的结论是，对外贸易在引起区域和行业平均收入上涨的同时，也会因为其对不同地区和行业影响力的差异而影响到地区和行业间的收入差距。

赵莹（2003）从技术进步角度，研究对外贸易对收入差距的影响。通过建立一个简单的模型，分析了对高技能工人有偏向的技术进步对收入差距的影响程度。她认为，技术进步不是中性的，而偏向型的技术进步一定会提高高技术工人的工资水平。在控制了失业率、教育以及发展战略等变量之后，对外贸易规模的扩大仍然显著地引起了我国整体收入差距的扩大。

李小平和朱钟棣（2004）则从技术进步具有“门槛效应”角度，给出了对外贸易引致技术进步，进而影响收入差距的传导过程。他认为，对外贸易对东部地区技术进步具有明显的推动作用。但是在中西部地区，对外贸易导致的技术进步不明显。因此，各个区域间对外贸易状况的不平衡发展必然引起源于对外贸易技术溢出效应的不平衡，由此所获得的收益存在明显差异，因而拉大了区域间的收入差距。

万广华、陆铭和陈钊（2005）通过构建一个含有对外贸易和FDI的收入决定函数，全面地量化了全球化对收入差距的贡献度，依据他们的量化结果进行了实证分析。实证结果显示，全球化与我国区域间收入差距之间具有显著的、稳定的正相关性。因而，伴随着全球化过程，我国区域间的收入差距必然持续扩大。其他的变量，诸如区位、城市化等因素，在全球化不断深化的过程中，对我国区域间收入差距的影响不断地衰减。

李斌和陈开军（2007）以 1981 ~ 2003 年我国地区人均收入的变异系数、进口贸易变异系数、出口贸易变异系数为代理指标，首先对三者之间的相关关系和趋势进行统计分析，结果显示，我国地区间收入差距呈现先降后升的变动趋势，无论进口贸易，还是出口贸易，不同区域间的对外贸易程度差距仍然在向上阶段。通过协整检验和误差修正模型，得出的结论是，对外贸易发展差距是引起区域间收入差距的重要变量。

王少瑾（2007）则区分了进口和出口，分别检验了它们对收入差距的影响。通过采用 1994 ~ 2004 年的省际面板数据进行实证分析，结果表明，无论进口，还是出口，均增加了我国的收入差距，对区域间的收入差距也具有显著的扩大作用。

基于协整的方法，胡兵和张明（2010）实证分析了城市化、对外贸易和区域间收入差距之间的关系。结果表明，对外贸易程度的差异是造成我国区域间收入差距的重要原因，二者具有长期的稳定关系。

（二）对外贸易缩小收入差距的代表性文献

魏尚进（2002）基于对 1988 ~ 1993 年我国 100 多个城市进行实证分析，实证结果显示，对外贸易显著地缩小城乡间收入差距。因而，全球化的深入发展，有利于缩小我国城乡间的收入差距，改变我国的“二元经济”现状。

徐水安（2003）将经济结构简化为城市经济和农业经济，以我国加入 WTO 为界点，分析了我国收入差距的变动情况。得出的结论是，对外贸易会改善我国个人收入差距状况。

陈怡（2009）的实证结果认为，出口显著地提高了行业的工资水平，进口则会降低行业工资水平。所以，由于出口和进口对不同行业平均工资的影响是相反的，因而必然会扩大行业间收入差距。

赵晓霞和李金昌（2009）认为，作为对外开放的两种形式，无论是对外贸易，还是外商直接投资，均有利于提高我国居民收入水平。当考虑到城乡间劳动者流动时，这将促使城乡间收入差距的缩小。

谢永琴和钟少颖（2010）发现，我国在加入WTO之后，行业的基尼系数趋势是向下的。这说明对外开放程度的提高，有助于缩小我国区域间的收入差距。

（三）对外贸易对收入差距具有不确定性影响的代表性文献

何璋和覃东海（2003）的实证结果表明，对外贸易开放和收入差距之间并不能用简单的线性关系来理解，因而他们设计了一个包含二次方的回归方程，实证结果显示，外贸依存度和收入差距之间的关系是U形的。这意味着，在对外贸易初始阶段，对外贸易会缩小收入差距，但对外贸易达到一定规模后，对外贸易将扩大收入差距。

与何璋和覃东海（2003）的结论相反，包群（2008）以内生增长模型为理论基础，通过在内生增长模型中引入对外贸易，研究了对外贸易与经济增长之间的关系，并进行了数值模拟。模拟的结果表明，对外贸易和区域经济增长之间存在明显的倒U形的关系。同时，他们指出，这种倒U形关系在东、中、西部三个地区有着显著差异。

胡超（2008）用1985~2005年城乡居民收入比作为解释变量，实证地研究了对外贸易开放和收入差距之间关系。实证检验结果表明，对外贸易对收入分配的影响也呈现一种倒U形的关系。在时间阶段上，2004年以前对外贸易规模的扩张恶化了我国城乡间收入差距。但在2004年后，对外贸易扩大明显地缩小了我国城乡间收入差距。

以上是国外、国内相关的实证研究文献，可以看出，由于样本选择的不同、样本期间选择的不同、代理指标选择的差异，这些对外贸易对一国内部收入差距影响的研究结论具有很大的差异，甚至是相反的结论，因而有必要结合我国的具体实际，给出符合我国实际的理论逻辑。此外，在有关我国的实证研究中，对外贸易水平指标的选择均采用的是传统贸易核算方式计算得到的进出口贸易额，这与我国近些年来越来越深入地融入全球垂直专业化生产的现实不符。所以，现阶段非常有必要利用增加值贸易核算方法重新计算我国的进出口水平，并以此为基础，结合我国的经济特征事实进行实证分析以便更加清晰地了解我国现有的贸易状况对于经济发展的影响，从而制定更好的政策为经济发展服务。

第五节　本书的结构与安排

本书内容包括七章，具体安排如下：

第一章为绪论，是全文的导言部分，指出了本书的背景及问题的提出，同时，在对本书的意义、方法和分析框架简单描述基础上，综述了国内外相关文献，以及本书的内容概括，最后指出了本书的创新和不足之处。在文献综述部分，系统地梳理国外、国内对外贸易与收入差距的代表性理论分析及实证分析，特别是对我国的研究，将文献区分为对外贸易与收入差距正相关的文献、对外贸易与收入差距负相关的文献和对外贸易与收入差距具有不确定关系的文献三类，从中借鉴有价值的方法及发现不足，为以后章节细致地研究我国对外贸易与收入差距分析提供理论基础和实证分析基础。

第二章为理论基础和传导机制，主要内容包括相关概念界定及量化指标的分析选取、本书的理论基础以及对外贸易影响收入差距的传导机制。在理论基础部分，依照对外贸易理论的创新发展顺序，从传统的贸易理论开始，一直到近些年的前沿贸易理论，找出这些贸易理论中所揭示出的对外贸易与收入差距之间的因果关系。在传导机制部分，区分出口贸易和进口贸易两个层面，分析了每个层面上，通过要素市场、技术进步和要素积累三个渠道进行传导的方式。

第三章为增加值贸易核算方法的理论模型。主要内容包括增加值贸易产生的背景，增加值贸易核算方法的发展过程，增加值贸易核算方法的理论模型，增加值核算贸易额与传统贸易核算贸易额之间的关系，增加值贸易核算方法下的我国 1995 ~ 2011 年进出口总额。本章是本书创新点的数据基础，依据本章的增加值贸易核算方法将得到以后章节实证分析中所使用的相关数据。

第四章为我国对外贸易对我国整体收入差距影响的实证分析。本章首先对我国对外贸易现状进行了描述，包括对传统对外贸易核算方法下我国整体对外贸易现状的描述、对增加值贸易核算方法下的对外贸易现状的描述。接着用基尼系数为指标，描述了我国整体的收入差距情况。最后，区分为传统贸易核算视角和增加值贸易视角，实证地研究了我国对外贸易与我国整体收入差距之间的关系，得出了有益的实证结果。

第五章为我国对外贸易与我国区域收入差距关系的实证分析。首先，对我国东、中、西部地区的传统贸易核算方式下现状和增加值贸易核算方式下现状进行了描述。其次，以泰尔系数为代表区域间收入差距指标，考察了其在样本期间内的特征及变动趋势。最后，区分为传统贸易核算视角和增加值贸易视角，实证研究了我国对外贸易与我国东、中、西部地区收入差距之间的关系。相关实证结果显示了对外贸易对我国区域间收入差距影响的方向和程度。

第六章为我国对外贸易与我国行业收入差距关系的实证分析。首先，区分为传统贸易视角和增加值贸易视角，对我国 19 个行业的对外贸易现状进行了描述。其次，以不同行业的极值比作为代表行业间收入差距指标，考察了其在样本期间内的特征及变动趋势。最后，区分为传统贸易核算视角和增加值贸易核算视角，实证研究了我国对外贸易与我国行业间收入差距之间的关系。相关实证结果显示了对外贸易对我国行业间收入差距影响的方向和程度。

第七章为本书的结论与政策建议。一方面，本章对以前部分进行总结，得出本研究的主要结论。另一方面，依据以上实证结果，提出了促进我国对外贸易发展以及缩小我国收入差距的政策建议，用以指导我国的经济建设实践，使我国经济更好地健康、稳定和可持续发展。

第六节 本书的创新与不足

本书在前人研究的基础上，利用增加值贸易理论模型，计算得到我国增加值进出口额，以此为基础，综合地实证分析了我国对外贸易对我国整体收入差距的影响、区域间收入差距的影响、行业间收入差距的影响，得出影响方向和量化关系。本书的可能创新点表现在三方面：

第一，现有的研究中，均只从某个侧面研究了我国对外贸易与我国国内收入差距之间的关系，本书则综合地考察了对外贸易与我国整体收入差距的关系、对外贸易与我国地区间收入差距的关系、对外贸易与我国行业间收入差距三个方面。

第二，在全球垂直专业化生产的背景下，我国已经深入地参与到国际垂直专业化生产中，我国的贸易模式已经发生了转变。我国对外贸易活动中的进出口已经不全部是具有比较优势的最终产品的进出口，而是包含具有比较优势生产环节的进出口。因而，本书使用当前国际上最新的增加值贸易核算方法计算出我国的增加值贸易进出口总额，用其代表我国对外贸易规模，实证研究我国对外贸易影响我国收入差距的方向和强度，得到了相对更准确的结论。同时，将实证结果与传统核算方式下得到的实证结果进行比较分析，找到二者的相同点和差异。

第三，在以往的实证研究中，大多数文献均采用单一的线性关系模型来研究我国对外贸易与我国收入差距之间关系，本书用非线性模型研究了我国对外贸易与我国收入差距之间关系，得出了非常有益的结论。

当然，本书也存在一些不足，第一，影响收入差距的因素还有其他诸如技术的非均匀分布、制度等，由于数据的可获得性原因，本书在解释变量中没有引入这些变量。第二，由于样本数据有限，实证研究中没有引入所设定的四个解释变量之间的交叉项加以检验，实质上它们之间可能有交叉作用。以上不足，将是本书进一步研究的方向，待条件具备后，将会在以后的进一步研究中加以完善。

第二章

理论基础与传导机制

第一节 相关度量指标

在开始论述理论基础前，首先需要明确本书中所使用的对外贸易和国际贸易的差别，设定本书的研究范围。对外贸易（Foreign Trade）是特定的国家（或地区）对世界上其他国家的贸易活动，对外贸易将进出口贸易的行为主体限定在某个特定国家，专注于以该国为中心的贸易行为。而国际贸易（International Trade）是指不同国家（或地区）之间通过出口和进口完成的产品和服务的交易活动。由于本书仅关注我国的对外贸易与我国收入差距的关系，因而本书采用的是对外贸易的概念。从对外贸易的对象来看，对外贸易既包括有形的产品贸易，又包括以服务、技术为主的无形贸易。伴随着我国改革开放进程的不断深入，以技术、服务为代表的无形贸易在我国对外贸易总额中所占的比重持续上升。本书中的对外贸易既包括有形的产品贸易，又包括以服务、技术为主的无形贸易。

反映对外贸易程度的绝对指标既有进口总额、出口总额、进出口总额和净出口等指标，也有贸易依存度、修正的贸易依存度和 Dollars 指数等相对指标。一般来说，各种指标均有优点和缺点，但相对指标优点更为明显，因而本书采用如下的相对指标。

贸易依存度：贸易依存度反映了一国对外贸易对经济增长的重要性，是最早代表一个国家对外贸易活动的一个相对指标，其计算公式为：

$$贸易依存度 = \frac{进出口总额}{国内生产总值}$$

由于对外贸易依存度受一个国家人口数量影响，进出口额可能与 GDP 负相关，因而涉及跨国比较时就可能出现错误。但是本书目的仅是研究我国的对外贸易对我国一国内部收入差距的影响，不涉及国际上比较问题；同时，从实际数据来看，我国的进出口总额与我国的 GDP 是正相关的。因此，本书选取简单的对外贸易依存度作为我国对外贸易活动程度的指标，研究其对我国收入差距的影响。

收入差距指的是收入在不同经济主体之间的不均匀分布，它不仅仅体现在整体的居民之间的收入差距，而且也体现在城乡、地区、行业、性别、不同教育或劳动技能之间（赵春明、李宏兵，2014）。我国在取得改革开放巨大的经济成就的同时，除掉少数年份外，这三个层次的收入差距均有扩大的趋势。本书采用代表收入差距的指标：基尼系数、泰尔系数和极值比，下面分别加以介绍。

一、基尼系数

在反映群体内收入差距的指标中，基尼系数被广泛地采用，这主要是因为使用基尼系数有很多优点：

第一，因为需要信息量少，因而基尼系数的计算成本较低。

第二，基尼系数是国际上广泛被使用的指标，可以用作收入差距的国际比较。

第三，总收入的基尼系数（G）可以写成 $G = \sum U_i C_i$（U_i 和 C_i 分别是第 i 项收入在总收入中所占的份额和集中率），可以反映各个分项收入的关系，因而使用基尼系数便于进行分解分析。

洛伦兹曲线首先将一个经济系统的所有人口依照收入由低到高排列，其次从最低收入人口累计开始计算任意百分比人口所得到的收入百分比。在理解基尼系数应用便利的同时，也应该清楚基尼系数这个指标自身的缺陷。它的主要缺陷表现在，不能清晰地显示阶层间的收入份额上升或下降的变化。比如，如果把最高收入的10%人口和最低收入的10%人口的收入互换，基尼系数确是不变的，但很明显各阶层的收入比重已经发生了较大变化。因而，为了避免阶层性不清的问题，本书中只有研究对外贸易对我国居民整体收入差距影响部分采用了基尼系数，在其他部分采用如下两种指标。

二、泰尔系数

泰尔指数在一定程度上克服了基尼系数的不足，其计算公式是：

$$T = \frac{1}{N}\sum_{i=1}^{N} \log\overline{Y}/Y_i$$

在计算公式中，N是单位个数，Y_i是第i个单位的人均收入，$\overline{Y}$是Y_i的平均值。如果把N个单位依据某种标准分成若干组，泰尔指数就能同时衡量组内和组外的收入差距状况。其最大的优点是可被用于群体结构分析，即可将收入依据某种特征分成若干单位，由此得出导致收入差距大小的是哪一个单位，也可以得到单位间差异性的大小。但也应注意到，泰尔指数所表示的收入差距受样本数N的影响很大，这是使用泰尔指数的缺点。本书在对外贸易对于区域间收入差距和对外贸易对于行业收入差距两方面利用了泰尔系数，以期尽量减少样本数带来的误差。

三、极值比

极值比是用某个群体的最高收入与最低收入比来表示，比如，代表行业间收入差距的极值比计算公式为：

$$行业收入极值比 = \frac{最高行业职工平均工资}{最低行业职工平均工资}$$

极值比指标的优点是所使用的信息少，便于计算，可以通过比率直观地看到差距。本书分别选取我国基尼系数、泰尔系数和不同行业的极值比分别作为衡量我国整体收入差距、区域收入差距和行业间收入差距的指标。

第二节　理论基础

本书将遵循时间顺序，沿着古典贸易理论、新古典贸易理论、新贸易理论和当前前沿贸易理论等理论发展路径，寻找能够为对外贸易与国内收入差距相关性提供逻辑结构的理论线索（张茜倩，2012）。

一、古典贸易理论

从贸易理论的发展历史上来看，贸易理论作为经济理论的一个分支，起源于斯密的绝对优势理论，之后李嘉图对其进行修正，发展为比较优势理论。在比较优势理论基础上，穆勒通过建立相互需求理论，分析了通过贸易所获得的收益是如何在参与国之间进行分配的，至此，古典的国际贸易理论得以建立。

18 世纪末期，亚当·斯密（Adam Smith）用专业化分工理论为基础，提出了对外贸易的绝对优势理论。在《国民财富的性质及原因的研究》（国富论）中，斯密指出了对外贸易的原因。他认为，对外贸易的根本动因在于各国产品之间存在着劳动生产率和生产成本的绝对差异，而这种差异来源于自然禀赋和后天的生产条件。亚当·斯密认为在国际分工中，每个国家应该专门生产自己具有绝对优势的产品，并用其中一部分交换其具有绝对劣势的产品，这样就会使各国的资源得到最有效率的利用，更好地促进分工和交换，使每个国家都获得最大利益。

李嘉图（David Ricardo）在《政治经济学及赋税原理》认为，国际贸易分工的基础不局限在绝对成本差异，即便是一个国家在所有产品的生产中劳动生产率都处于全面优势或全面劣势的地位，只要优势或劣势的程度有差异，该国就可以通过生产劳动生产率相对高的产品参加国际贸易，从而获得贸易收益。比较优势理论遵循“两优取其重，两劣取其轻”的原则，认为国家间技术水平的相对差异产生了比较成本的差异，从而形成了国际贸易的原因，并决定着国际贸易的模式。但在对外贸易与收入差距关系方面，李嘉图的比较优势理论只是论证了建立在各国专业化生产前提下的互利贸易基础和利益所在，没有说明总的贸易利益如何在贸易双方进行分配，更没有说明贸易收益如何在一个国家（或地区）内部的分配问题。

约翰·穆勒（John Stuart Mill）在《政治经济学原理》中，从相互需求角度出发，研究了国际间产品交换的价格问题，即贸易条件。同时，分析了两国之间贸易收益是如何在贸易双方之间进行分配的。相互需求理论实质上是由供求关系决定产品价值的理论，是对比较优势理论的完善和补充。该理论用相互需求强度来解释贸易条件的变化，用两国产品交换比例的范围分析了贸易双方获得贸易收益的区间，用贸易条件说明在利益的分配中双方各占的比例。

综观以上的古典国际贸易理论，其中有两点需要进一步发展完善。第一，古典的贸易理论没说明比较优势的来源，或者说古典的对外贸易理论中的比较优势是外生的。第二，虽然古典的贸易理论在指出了国与国之间进行对外贸易原因的同时，也分析了对外贸易总收益是如何在国与国之间进行分配的问题，但却没有明确提出对外贸易是如何影响贸易收益在一个国家内部不同经济主体间分配的问题。因而，可以说，古典的贸易理论没有为对外贸易与国内收入差距问题提供清晰的理论基础和逻辑结构。究其原因，作为贸易理论的开拓者，古典的经济学家提出的对外贸易理论主要致力于解释对外贸易这种经济行为的原因，力图证明对外贸易行为是理性的经济主体的行为，为自由贸易的政策主张提供了强大的理论基础。因而可以说，作为对外贸易理论的开创者，古典的对外贸易理论为其后的对外贸易理论的发展奠定了坚实的理论基石。当然，应该看出，古典的贸易理论需要进一步发展完善的两个方面之中，第二个方面与本书息息相关。

二、新古典的国际贸易理论

关于国际贸易是如何影响一个国家内部收入差距的问题，最早的理论模型是建立在赫克—俄林模型基础上的斯托尔帕和萨缪尔森模型，斯托尔帕和萨缪尔森模型分析了参与国际贸易对一国内部的收入分配的长期影响。此后，特定要素模型指出了参与对外贸易对一国内部的收入分配的短期影响，下面分别加以阐释。

（一）斯托尔帕—萨缪尔森模型

1919 年，瑞典经济学家埃利·赫克歇尔（Eil F. Heckscher）提出了要素禀赋论的基本观点，指出了产生比较优势的两个原因。1930 年，这一论点被他的学生伯尔蒂尔·俄林（Beltil G. Ohlin）所充实论证，其代表作《地区间贸易和国际贸易》进一步发展了生产要素禀赋理论，因而这一理论又被称为 H－O 理论，其理论结论被称为 H－O 定理。

与古典贸易模型的单要素投入不同，H－O 模型以比较优势为贸易基础，在两种或两种以上生产要素框架下分析了产品的生产成本，用总体均衡的方法探讨了对外贸易与要素变动的相互影响。其核心理论结论是：如果两个国家的技术水平没有差异，那么引致比较成本的不同有两个根本原因，一是两国间的要素充裕程度不同；二是产品生产的要素密集度不同，基于此，每个国家应该集中生产并出口那些利用本国充裕要素的产品，进口那些密集使用本国稀缺要素的产品，这样的贸易模式使参与国的福利都得到改善。在 H－O 模型基础上，1941 年，斯托尔帕和萨缪尔森（Stolper and Samuelson）在《保护主义与实际工资》中，第一次使用一个包含两种要素、两种产品的一般均衡模型对赫克歇尔—俄林理论作了具体的发展，在国际贸易理论中被称为斯托尔帕—萨缪尔森定理（S－S 定理）。S－S 定理指出，长期中，出口产品生产中密集使用的要素收入将上升，进口产品生产中密集使用的要素收入将下降。

下面用一个简化版本的 S－S 模型，来证明长期中对外贸易收益是如何引起国内不同经济主体间收入差距扩大的。

假定存在两个国家，本国和外国，两国使用两种生产要素 K 和 L 生产两种产品 X 和 Y，产品 X 是劳动密集型产品，Y 是资本密集型产品，令 P_X 和 P_Y 分别代表两种产品的市场价格，w 和 r 分别表示劳动工资率和资本的利率，X 和 Y 的产量分别用 Q_X 和 Q_Y 代表，可以用以下矩阵表示投入系数矩阵：

$$A=\begin{pmatrix} a_{LX} & a_{LY} \\ a_{KX} & a_{KY} \end{pmatrix} \tag{2-1}$$

本国与国外在劳动和资本要素上丰裕度不同，本国劳动生产要素相对丰富，生产的是劳动密集型产品 X，而国外由于资本生产要素丰富，生产资本密集型产品 Y。所以：

$$\frac{a_{LX}}{a_{KX}}>\frac{a_{LY}}{a_{KY}},\ \frac{L}{K}>\frac{L^*}{K^*} \tag{2-2}$$

两国根据比较优势进行贸易之后可以得到：

$$P_X<P_X^w<P_X^*,\ P_Y^*<P_Y^w<P_Y \tag{2-3}$$

要素市场均衡满足：

$$a_{LX}Q_X+a_{LY}Q_Y=L \tag{2-4}$$

$$a_{KX}Q_X+a_{KY}Q_Y=K \tag{2-5}$$

产品市场均衡条件为：

$$a_{LX}w+a_{LY}r=P_X \tag{2-6}$$

$$a_{KX}w+a_{KY}r=P_Y \tag{2-7}$$

对上述公式进行整理并全微分，可得：

$$dP_i=\frac{\partial P_i}{\partial w}dw+\frac{\partial P_i}{\partial r}dr=a_{iL}dw+a_{ik}dr \tag{2-8}$$

记 $\delta_{iL}=\frac{a_{LX}w}{P_i}$，$\delta_{ik}=\frac{a_{kX}w}{P_i}$，表示第 i 种产品中劳动投入和资本要素投

入在产品的生产成本中所占的比例，那么式（2－8）可以表示为：

$$\frac{dP}{P_i}=\delta_{iL}\frac{dw}{w}+\delta_{iK}\frac{dr}{r} \tag{2-9}$$

假设产品 X 是劳动密集型的，则：

$$\frac{dr}{r}<\frac{dP_Y}{P_Y}<\frac{dP_X}{P_X}<\frac{dw}{w} \tag{2-10}$$

根据以上模型，长期中，本国作为劳动要素相对丰裕的国家，对外贸易导致了劳动密集产品价格的上升，并且劳动要素收益的涨幅要高于产品价格的涨幅。同时由于在长期中劳动生产要素价格的均等化，因而本国劳动的收入提高，资本的收入下降，从而导致收入差距扩大。在发达国家和发展中国家贸易模式下，发展中国家由于非熟练劳动力相对丰裕，因而对外贸易会导致收入差距的缩小，不平等的状况得到缓解。但对于发达国家而言，由于其熟练劳动力丰裕，对外贸易将会导致熟练工人相对于非熟练工人的工资上升，因而会加剧国内收入不平等，扩大收入差距。

（二）特定要素模型

S－S 定理虽然揭示了长期中国际贸易对国内收入差距的影响，但其依赖于要素能够自由流动的假设，这一假定长期来看是正确的，但在短期中，一些生产要素可能不是自由流动的，其只限于某一特定部门使用。针对这种不足，保罗·萨缪尔森（Paul A. Samuelson）和罗纳德琼斯（R. W. Jones）在 20 世纪 70 年代创建了特定要素模型。特定要素模型解释了在短期内要素不能自由流动情况下贸易对一国内部收入差距的影响。特定要素模型假定，在一个经济系统内，至少有一种生产要素不能在部门间自由流动。当进行对外贸易时，将会降低国内进口产品竞争部门的特定要素收入水平，而提高了出口部门特定要素的收入水平，下面介绍特定要素模型的基本逻辑结构。

假定有一个生产 X 和 Y 两种产品、使用资本和劳动两种生产要素的经济系统，其中，资本作为特定要素，在短期内是不能在部门间流动的，但劳动生产要素是同质的，可以在部门间自由流动。此外，假定劳动总量、资本投入和规模收益都是固定不变的，无论产品市场还是生产要素市场都是完全竞争的市场结构。此时，生产 X 和 Y 两种产品部门的生产函数分别为：

$$X = F_X(\overline{K},\ L_X) \tag{2-11}$$

$$Y = F_Y(\overline{K},\ L_Y) \tag{2-12}$$

$$\overline{L} = L_X + L_Y \tag{2-13}$$

在均衡时，生产要素的报酬如图 2－1 所示。在图 2－1 中，横轴代表劳动要素的数量，左边纵轴代表 X 部门劳动的收益，右边纵轴代表 Y 部门的劳动收益。在完全竞争的条件下，两个部门的报酬分别是：

$$w_X = P_X \times MP_{LX},\ r_X = P_X \times MP_{KX} \tag{2-14}$$

$$w_Y = P_Y \times MP_{LY},\ r_Y = P_Y \times MP_{KY} \tag{2-15}$$

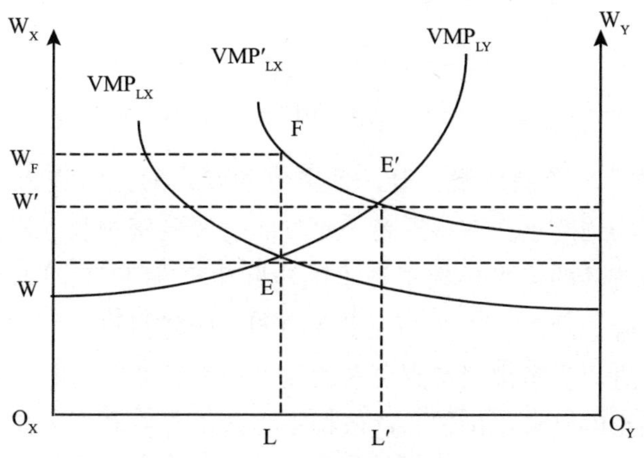

图 2－1　要素报酬的决定

因为短期内资本要素固定不变，而两部门的劳动边际生产率与所在部门的劳动投入数量有关，因而在产品价格既定的情况下，劳动要素的收益与其投入成反比。在图中，VMP_{LX}代表部门 X 对劳动要素需求，VMP_{LY}代表了部门 Y 的劳动需求曲线，两条曲线交于 E 点。此时，两部门劳动工资率相同，都为 w。同时，部门 X 的劳动投入和部门 Y 的投入

分别为 L_X 和 L_Y。

在对外贸易条件下，会实现新的均衡点为 E′，在 E′点，进口部门、出口部门的名义工资水平将上升为 w′，并且 X 部门中劳动要素所占比重上升。在此时，与封闭条件相比，劳动要素价格和特定要素价格都发生了改变，这时，劳动的实际工资率改变为式（2－16），式（2－17）：

$$\frac{w_X}{P_X} = MP_{LX} \tag{2-16}$$

$$\frac{w_Y}{P_Y} = MP_{LY} \tag{2-17}$$

因为两个部门的资本数量既定，所以，贸易条件下名义工资水平将提高。对于代表性劳动者，如果其消费产品 X 多些，那么其收入水平将下降，反之则上升。

两部门的资本实际利率分别为式（2－18），式（2－19）：

$$\frac{r_X}{P_X} = MP_{KX} \tag{2-18}$$

$$\frac{r_Y}{P_Y} = MP_{KY} \tag{2-19}$$

因为部门 X 产品价格上升，带来劳动要素的大量进入，所以其特定要素资本的边际生产率将提高，此时部门 X 的资本收入提高。对于 Y 部门，因为劳动的流失导致了资本的边际生产率下降，因而部门 Y 的资本报酬下降。此时，对外贸易提高了出口部门特定要素所有者的收入，降低了进口竞争部门特定要素的收入。但对可流动生产要素的实际收入水平的影响则是不确定，这依赖于要素所有者消费 X 还是 Y（张茜倩，2012）。

综上所述，从新古典国际贸易模型中可以看出，S—S 理论是所有生产要素都能够自由流动的长期分析，而特定要素模型是某些要素不能流动的短期分析。特定要素模型从特定要素角度出发，对贸易在短期内如何影响一国收入差距问题进行分析。

三、新贸易理论

20 世纪 80 年代以来，随着对外贸易的不断发展，除了传统的产业间贸易模式，现实的国际贸易模式发生了变化。一个显著变化是产业内分工和贸易得到了快速发展，这使得不同国家间产业内贸易份额不断扩大。在此背景下，克鲁格曼（Krugman）为代表的经济学家通过引入规模报酬递增、垄断竞争和内生的技术进步，修正了新古典贸易理论有关规模报酬不变和完全竞争假设条件，创立了新的贸易理论，被称为新贸易理论。在新贸易理论创立后，被广泛地用于研究对外贸易条件下的收入差距问题。

（一）垄断竞争、规模报酬递增条件下对外贸易与收入差距

克鲁格曼（1979）解释了产业内贸易的原因，他的模型整合了张伯伦的垄断竞争模型、迪克西特和斯蒂利茨（Dixit and Stiglitz，1977）模型，建立了一个包含两个产业的垄断均衡模型，得出了具有开创性的理论结论，他认为，当两个要素禀赋相似的国家相互开放时，国家之间将在产业内发生国际贸易。此外，生产中所使用的生产要素将从对外贸易中获得收入，从而拉大了与生产中不使用的生产要素间的收入水平。

迪那波斯等（Dinopoulos，Syropoulos and Xu，2001）以克鲁格曼垄断竞争模型为基础，通过在模型中引入两种不同类别的技术工人，进一步对模型进行了扩展。得出的理论结论是，发达国家之间进行产业内贸易时，将引起高技术工人密集型企业规模扩张，这必将导致对高技术工人的需求上升，进而拉大与低技术工人之间的工资差距。下面介绍模型的基本结构：

在一个生产结构中，产品的生产需要投入两种类型的劳动：高技术工人和低技术工人，并且生产具有规模经济效应。假定此时生产的单位成本为式（2 -20）：

$$c^X = \left[\left(\frac{w_H}{x} \right)^{\delta} + w_L^{1-\delta} \right]^{\frac{1}{1-\delta}} \tag{2-20}$$

其中δ代表垄断竞争产品相互之间的替代弹性，X是垄断竞争产品产量，因而高技术工人与低技术工人的比率为式（2-21）：

$$h_X = \left(\frac{w_H}{w_L} \right)^{\delta} x^{1-\delta} \tag{2-21}$$

已经有经验证明，企业的生产规模大小与其使用的技术密度存在着很强的正相关关系。这意味着，随着企业规模的不断增大，在要素需求上，企业必然增加对高技术工人的需求。因而，产业内贸易的发展在促进企业规模扩大的同时，必然对高技术劳动力需求提高，同时企业的生产率也将提高，这提高了高技术工人的相对工资，拉大了工资收入差距。

基于同样思想，尼瑞（2002）则从产业组织理论的进入阻止角度，提出了对外贸易与收入差距之间的理论联系。尼瑞构建了一个引入对外贸易的寡头竞争一般均衡模型，在其中，研究了国家间产业内贸易对不同工人收入水平的影响。在其模型中，假定有一系列连续产业，每个企业均在其所在产业中有一定的市场垄断力量，但其在整个经济中垄断力很小。模型中假定所有产业结构都相同，投资是高技术工人密集型，生产是低技术工人密集型的，劳动要素总量不变，同时对劳动的相对需求是其相对价格的增函数。企业首先在某个产业进行投资，然后进行生产活动。当两个相似产业结构的国家相互开放时，随着贸易壁垒的降低，进口将会大量增加。此时，国内企业面对进口企业威胁，理性行为是通过追加战略性投资以达到阻止国外企业进入的目的。当战略性投资发生时，将会提高企业的投入—产出比，进而对高技术工人的相对需求增大。由此，对外贸易开放会通过影响对不同技术工人的需求，拉大高技术工作和低技术工人间的收入差别。

（二）内生技术进步下的对外贸易与收入差距

在影响收入差距的理论研究中，对外贸易通过影响技术内生性进步，进而导致收入差距扩大是经济学者们关注的另一个渠道。而在以往贸易理论中，技术往往被认为外生既定的，但事实上，对外贸易会引起技术的内生进步。当对外贸易所引致的内生技术进步具有偏向时，将导致收入差距扩大。因而，很多学者开始对传统理论进行拓展，引入内生的技术进步，从贸易开放如何影响技术进步的角度，研究了对外贸易开放对收入差距的影响。

阿西莫格鲁（2003）将对外贸易和技术进步的要素偏向结合起来，从内生性技术进步的角度，研究了对外贸易与收入差距的关系。在他的理论模型中，假设最终产品的生产需要两种中间产品组装，其中一种中间产品为高技术密集型的 Y_H，另外一种中间产品为低技术密集型的 Y_L，最终产品的生产函数设定为式（2－22）：

$$Y = \left(Y_L^{\delta} + \lambda Y_H^{1-\delta}\right)^{\frac{1}{\delta}} \tag{2-22}$$

追求利润最大化的最终产品生产企业将中间产品的价格确定为式（2－23）：

$$P = \frac{P_H}{P_L} = \lambda\left(\frac{Y_L}{Y_H}\right)^{1-\delta} \tag{2-23}$$

中间产品生产企业利润最大化则要求为式（2－24）：

$$w = \frac{w_H}{w_L} = \lambda\left(\frac{A_L}{A_H}\right)\left(\frac{H}{L}\right)^{-(1-\beta\delta)} \tag{2-24}$$

在式（2－24）中，A_L 和 A_H 分别表示低技术和高技术工人的劳动生产率。

运用内生技术进步模型，阿西莫格鲁进一步得出式（2－25）：

$$\frac{A_L}{A_H} = f\left(p,\ \frac{H}{L}\right) \tag{2-25}$$

这说明，无论是高技术工人密集型产品相对价格的上升，还是高技术工人相对于低技术工人规模的上升，都会导致高技术工人的技术进步，从而提高高技术工人的生产率而提高其劳动报酬，进一步导致收入差距扩大。

派瑞罗（2008）也将知识产权保护强度纳入了模型中，从技能积累对国内工资收入差距影响的角度进行了相关研究。理论结果显示，知识产权保护力度的加强将减少发达国家的技能积累，扩大发达国家内部收入差距；但对于发展中国家，由于教育水平的差异，当知识产权保护力度加强时，对工资和人力资本积累的影响是不确定的，由此引起的对收入差距的影响也是不确定的。

一些学者以内生增长模型作为理论基础，对其进行了理论扩展，认为对外贸易会导致技术外溢，而东道国的研发投入和人力资本水平技术创新和技术外溢的吸收至关重要。如木下裕子（2000）以及格瑞夫等（2000）的研究认为，区域间的研发投入差异将导致不同区域对国外技术的学习、模仿和吸收，从而引起区域收入差异。卢卡斯（1988）、那拉（2004）则认为，一个国家的人力资本存量会对从国外溢出的技术吸收有重要影响，如果发达地区的人力资本水平较高，那么发达地区则会从对外贸易中获利较多，收入水平增长较快，而落后地区则相反，因而对外贸易会使地区之间收入差距状况恶化。

（三）新经济地理模型与收入差距

20 世纪 90 年代，随着新经济地理学的理论模型的提出，一些学者开始尝试在此理论框架下发展对外贸易影响国内收入差距的理论模型。其基本思想是，对外贸易引起产业集聚的区位和程度差异，由此必然将引起区域间和不同群体间的收入差距拉大或者缩小。

作为新地理经济理论的提出者，克鲁格曼（1991）把规模报酬递增、垄断竞争以及运输成本引入一般均衡框架，探讨了产业集聚的形成。模型的理论结果是，在中等运输成本情况下，由于累积循环因果效应，一个规模较大的地区，会通过前向和后向联系促使经济规模的继续扩大，形成一种自我持续的集聚现象，因而产业集聚水平的提高必然会扩大区域间的收入差距。而在运输成本足够大而规模经济较弱的情况下，产业将在区域间趋于分散，此时区域收入差距得到缓解。

在上述模型的基础上，克鲁格曼和艾利泽（1996）进一步扩展了上述模型，在空间集聚基础上对贸易与区域差距之间的关系进行分析。

他们假定经济由三个区域组成，地区 1、2 属于本国，地区 0 代表国外地区，生产中只使用劳动生产要素 L 且供给数量固定，劳动在本国地区 1、2 间是可以自由流动的，但却不能流动到国际上的 0 地区。同时假定有一个垄断的生产者，但有大量相同的潜在生产者竞争者，由于行业的自由进入，垄断厂商面对着大量潜在生产者的进入，因而在长期中垄断生产者长期中利润为零。假定经济系统中的每个人都有相同的 CES 效用函数：

$$U = \left(\sum C_i^{\frac{\delta-1}{\delta}}\right)^{\frac{\delta}{\delta-1}} \tag{2-26}$$

地区 j 生产产品 i 所需的成本为：

$$Z_{ij} = \alpha + \beta Q_{ij} \tag{2-27}$$

由于生产者面对相同的需求弹性和替代弹性，因而其价格是加成定价：

$$P_j = \frac{\delta}{\delta-1}\beta w_j \tag{2-28}$$

由于自由进入导致零利润，因而每种产品产量将变为：

$$Q = \frac{\alpha}{\beta}(\delta-1) \tag{2-29}$$

同时，由于产品产量是固定的，所以每个地区生产的产品数量对其净劳动需求是成比例的，即：

$$n_j = \frac{Z_j}{\alpha\delta} \tag{2-30}$$

因此可以得出，如果某地区的劳动净投入越大，该地区的产量越大。

选择合适的计价单位，使得 $P_j = W_j$，$n_j = Z_j$。假设产品在不同区域之间的运输成本是“冰山成本”，当单位产品从地区 1 运往地区 2 时，实际到达数量只有$\frac{1}{\tau}$，而单位产品从地区 0 运到地区 1 或者地区 2 时，只有$\frac{1}{\rho}$单位可以到达。其中 τ 为运输产生的自然成本，而 ρ 表示自然成本与贸易障碍的综合成本。

令三个地区所生产产品产量在总产量所占比率为 λ_j，其是生产该产品所投入劳动的占比，即：

$$\lambda_j = \frac{n_j}{\sum n_k} = \frac{Z_j}{\sum Z_k} \tag{2-31}$$

以地区 0 的工资水平为基准标准，实际价格指数为：

$$T_0 = K(\lambda_0 + \lambda_1 w_1^{1-\delta} + \lambda_2 w_2^{1-\delta})^{\frac{1}{1-\delta}} \tag{2-32}$$

$$T_1 = K(\lambda_0 \rho^{1-\delta} + \lambda_1 w_1^{1-\delta} + \lambda_2 (\tau w_2)^{1-\delta})^{\frac{1}{1-\delta}} \tag{2-33}$$

$$T_2 = K(\lambda_0 \rho^{1-\delta} + \lambda_1 (\tau w_1)^{1-\delta} + \lambda_2 w_2^{1-\delta})^{\frac{1}{1-\delta}}，其中，K = (n_0 + n_1 + n_2)^{\frac{1}{1-\delta}} \tag{2-34}$$

把 Z_0 视为给定的，可以求出均衡状态下的工资水平，j 地区的真实工资收入为：

$$w_j = w_j(1 - \gamma L_j)/T_j \tag{2-35}$$

进一步，考虑消费者均衡。在地区 0 的消费者，令 $p_{1,0}$是该地区的产品价格，以此类推，同时令 $c_{1,0}$表示在地区 0 消费地区 1 产品的数量，可以得出：

$$Y_0 = n_0 p_{0,0} c_{0,0} + n_1 p_{1,0} c_{1,0} + n_2 p_{2,0} c_{2,0} \tag{2-36}$$

其中 Y_0 表示地区的总体收入水平。此外：

$$c_{0,0} = c_{1,0}(p_{0,0}/p_{1,0})^{-\delta} \tag{2-37}$$

$$c_{2,0} = c_{1,0}(p_{2,0}/p_{1,0})^{-\delta} \tag{2-38}$$

进一步由模型推导地区 0 的消费者对地区 1 的产品的消费支出为：

$$p_{1,0} c_{1,0} = Y_0 \left(\frac{p_{1,0}}{T_0}\right)^{1-\delta} \tag{2-39}$$

地区 1 的总收入是全球对该地区生产产品的消费支出：

$$W_1 Z_1 = n_1 \left[Y_0 \left(\frac{w_1}{T_0}\right)^{1-\delta} + Y_1 \left(\frac{w_1}{T_1}\right)^{1-\delta} + Y_0 \left(\frac{w_1}{T_2}\right)^{1-\delta} \right)^{\frac{1}{1-\delta}} \tag{2-40}$$

进一步带入得到：

$$w_1 = n_1 \left[Y_0 T_0^{\delta-1} + Y_1 \left(\frac{T_1}{\tau}\right) + Y_2 T_2^{\delta-1} \right)^{\frac{1}{\delta}} \tag{2-41}$$

$$w_2 = n_1 \left[Y_0 T_0^{\delta-1} + Y_1 T_1^{\delta-1} + Y_2 \left(\frac{T_2}{\tau} \right)^{\delta-1} \right]^{\frac{1}{\delta}} \quad (2-42)$$

由于现实的复杂性，克鲁格曼和艾利泽依据此模型进行了数值模拟，模拟的结果是，经济开放度较高时，稳定的均衡状态下是分散，而经济开放度较低时，均衡条件是集聚。这说明，对外贸易的扩大，会引起经济集聚的分散，进而导致区域间收入差距的缩小。

帕鲁兹（Paluzie，2001）却认为，对外贸易将会提高集聚程度，集聚程度的提高进一步使区域收入差距扩大。帕鲁兹的模型认为，农业部门中间投入相对于工业而言流动性小，因而农业人口与土地是不能流动的。帕鲁兹论证道，当一个国家贸易开放时，出口和进口可以促使厂商规模扩大，因而靠近国外市场的地方制造业会形成产业集聚，进而导致区域收入差距的加大。

坎布和温那布斯（Kanbu and Venables，2005）认为生产要素的自由流动非常重要。因为对外贸易必然导致产业集聚，这一定会影响到不同区域发展。但如果生产要素是自由流动的，区域间的收入差距就会缩小。

但是，藤田昌久、克鲁格曼和温那布斯（Fujita，Krugman and Venables，1999），克鲁格曼和利瓦斯（Krugman and Livas，1996）在新经济地理学的框架下，推导出的理论结论正好与上述相反。他们将影响产业集聚的各种要素区分为离心力和引力两种力量。他们认为，对外贸易将使得原来封闭经济条件下形成的经济中心被分化，因而导致经济活动趋于分散而不是集中，这必将缩小区域间收入差距。产业集聚的离心力包括高度城市化带来的污染、拥挤、犯罪以及高地租和高土地成本，而产业集聚的引力包括后向关联和前向关联，前者指与要素市场相近的引力，后者指与产品市场相近的引力。随着对外贸易的开展，一方面，利用中间产品生产的产品出口国外；另一方面，更多的原材料从国外进口。因而，生产的后向关联和前向关联都会变弱，引起产业集聚的引力变弱，使得产业扩散而非集聚，最终使区域间发展更加均衡，区域间收入差距缩小。

四、对外贸易前沿理论与收入差距

近年来，以贸易理论的新进展为基础，经济学家们对贸易与收入分配的关系进行进一步的探讨，一些新的对外贸易影响收入差距的渠道被挖掘出来，主要包括有关离岸外包理论、异质性理论和劳动力市场摩擦理论。

（一）离岸外包与收入差距

在传统理论中，理论研究更多地以产业间贸易为背景，但随着国际贸易模式的转变，中间产品贸易及产业内贸易占世界贸易量的比重正在不断提高。因而，从中间品贸易角度探讨外包对劳动要素需求结构进而对收入差距的影响，是近年来有关对外贸易开放与收入差距之间关系的另一个重要理论进展。

菲斯特拉和汉森（Feenstra and Hanson，1995）最早提出了外包模型，他们将研究对象从最终产品变为中间产品。因为发达国家和发展中国家熟练工人和非熟练工人的供给存在明显差异，利润最大化会促使发达国家选择一个临界点水平，把比这个临界值相对低技术密集型的生产环节外包给低技术国家。如果约束条件发生了有利于外包行为，那么最初的临界生产环节将会被相对更为低技能的临界生产环节所取代，这将促使更多的外包生产环节从发达国家向发展中国家转移。对于发达国家，外包加大了对熟练劳动者的需求，对于发展中国家，虽然承接的是发达国家中相对低技术密集的产品，但仍然要比本国的产品生产技术要高，因而也相应地提高了发展中国家中对熟练劳动者的需求。因此，两个国家中熟练劳动者和非熟练劳动者间的收入差距会扩大。

格鲁斯曼和汉伯格（Grossman and Rossi - Hansberg，2008）通过对产品内贸易进一步研究，提出了一个全球生产过程理论。模型表明，外包会对国内工人的收入水平产生三种不同的效应，一是生产率效应，其会增加国内非熟练劳动工人的工资；二是相对价格；三是劳动供给效应。后两个效应与第一个效应不同，会提高熟练劳动工人工资，导致非熟练工人的工资下降。外包究竟是扩大了收入差距还缩小了收入差距，依赖于三个效应的相对强度。

刘润娟和丹尼尔（Liu and Trefler，2008）不仅分析了外包对收入差距的影响，还将“内包”对收入差距影响考虑在内，进行综合分析。他们考察了外包和内包对劳动者在产业间和岗位间的转换，他们发现，总体来看，外包和内包的总的净效应是正的。但是，对于那些在外包产业中，以及受教育程度相对较低的劳动者来说，外包和内包的总净效应可能是负的。

（二）异质性与收入差距

近年来，异质性贸易理论得到了长足发展，为对外贸易影响收入差距的研究提供了微观基础。

1. 企业的异质性与收入差距

梅利兹（Melite，2003）将异质性企业的垄断竞争引入贸易理论，开创了异质性企业贸易模型。此后，一些经济学家以梅利兹的理论框架为基础，以异质性企业为前提研究了对外贸易和收入差距之间的关系。耶普尔（Yeaple，2005）在一个一般均衡贸易模型中提出，异质性的企业可以选择异质的劳动和技术，并且出口企业往往规模更大、雇佣更多熟练的劳动者、付出更高的工资，拥有更高的生产率，因而会扩大收入差距。

艾格和科瑞米尔（Egger and Kreickemeier，2009）认为，由于企业的异质性，即使是一样的劳动者，其收入也会存在明显差异。他的模型说明，即使是同样技能的工人，其工资水平也会因企业的不同而不同。如果在一个平均效率水平较高的企业，因为公平工资原因，低技能劳动者也会获得较高工资，对外贸易会导致这种差异上升。

赫尔普曼等（Helpman et al.，2010）将企业和工人的异质性，搜寻和匹配摩擦等因素考虑在内，也得出出口企业比非出口企业工资更高的结论，并且得出了对外贸易将进一步强化这种工资差距，同时提高了失业率。

2. 消费者的异质性与收入差距

传统理论在对外贸易与收入分配进行分析的时候，大多数是从供给角度来进行研究的，假定消费者的偏好是相同的。然而，消费者的偏好也是异质的，因而在当前前沿贸易理论中，许多经济学家从消费者行为角度来分析贸易对收入不平等的影响。格拉泽、拉泽和让杰（Glazer and Ranjan，2003）认为，无论是发达国家还是对发展中国家，如果熟练劳动者更偏好技术密集型产品，那么熟练劳动者相对供给的增加会提高熟练劳动者的工资水平，扩大了国内工资差距。

弗杰鲍姆，格鲁斯曼和赫尔普曼（Fajgelbaum，Grossman and Helpman，2009）的模型中假定有两个企业，一个是竞争性企业，一个是垄断竞争企业。竞争性的企业生产相似产品，垄断竞争企业部门生产差异性产品，消费者可以选择不同种类与质量的产品，并且高收入者偏好消费高质量的产品。当两个经济体开展贸易时，每个国家的消费者可以选择的产品种类和产品的质量构成都会受到影响，这必将影响不同企业间生产要素的收入，进而引起收入差距的变动。

（三）劳动市场摩擦与收入差距

马特斯（Matusz，1985）从隐性契约角度，将宏观经济中的一个简单的不完备契约情形纳入 H－O 模型，对贸易与收入不平等进行考察，分析了对外贸易对工资和失业率的影响。伯特兰（Bertrand，2004）延续了对隐性合约的认识，对马特斯的模型进一步扩展，结果显示公司面临激烈的进口竞争时会提高破产的概率，使企业承诺稳定工资的能力下降，因此进口竞争会削弱隐性合约，加剧工资收入差距。

戴维森，马丁和马特森（Davidson，Martin and Matusz，1999）将搜寻摩擦与失业应用于标准的贸易模型，研究结论显示，这种摩擦会对贸易的分配效应产生的影响。阿塔克等（Artuc et al.，2010）将劳动市场摩擦考虑进来，假定工人可以在任何时间在产业间进行转移，但在此过程中要发生两种成本：一种成本是对所有工人都一样的固定成本；另一种是因人而异的特有成本。正是由于特定成本的存在，使得部门间劳动总流动要大于净流动。通过数值模拟，结果表明，在对外贸易冲击下，进口竞争部门的劳动工资会大幅下降。

卡尔贝和麦科拉仁（Karabay and Mclaren，2010）进一步研究表明，即使不存在破产，通过隐性契约，贸易也会对工资波动有很大的影响。他们构建了一个两国家、两产品、两要素模型，全球化以两种形式进行：一是使得国际产品市场一体化（自由贸易）；二是要素市场的融合（外包）。自由贸易强化了富裕国家工人的隐性契约，降低了工人收入的波动性，而外包会削弱富裕国家工人的隐性契约，提高工人收入的波动性，收入差距是否扩大依赖二者相对强度。

与以往模型假定人力资本二元属性不同（劳动者是熟练型还是非熟练型，非此即彼），布兰查德和威廉姆（Blanchard and Willmann，2007）则从技术的连续性角度，研究了对外贸易对不同技术水平工人收入的影响。在其模型中，工人具有连续的技术水平，产品的技术含量与工人所接受的教育相关。结果表明，对外贸易会导致国内低技术工人选择比封闭经济时更为低技术的产业，高技术工人会选择比封闭条件下更高技术的产业，中等技术产业将被放弃。对外贸易导致无论高水平工人还是低水平工人受益，但由于中等技术产业被抛弃，中等技术产业工人将失业，所以，导致工人间的收入差距扩大。

第三节　对外贸易与收入差距的传导机制分析

对外贸易对国内收入差距的影响，主要是通过出口贸易和进口贸易对要素市场、技术进步和要素积累三个渠道进行传导的。

一、出口贸易对我国整体收入差距影响的传导机制

从要素供需均衡角度来看，出口贸易会提高可贸易部门投入要素的

需求，如果要素供给是无限弹性的，那么出口贸易的就业效应会缩小要素所有者之间的收入差距。但如果要素供给不是无限弹性的，在短期内，必将提高出口部门投入要素的价格，进而提高出口部门投入要素所有者的收入，从而扩大可贸易部门投入要素所有者与不可贸易部门要素所有者的收入差距。在长期中，如果要素不能自由流动，或者可贸易部门投入要素具有不可替代性，那么出口也会扩大出口部门投入要素所有者与不可贸易部门要素所有者的收入差距。伯纳德和詹森（Bernard and Jensen，1995）就认为，出口贸易使得出口部门有能力为其投入要素提高报酬，从而提高出口部门的要素收入。杨汝岱与姚洋（2008）认为，中国出口贸易产品的技术复杂度较高，因而出口贸易部门投入的生产要素为熟练劳动者，因而出口贸易必将扩大我国熟练劳动者和非熟练劳动者之间的收入差距。

从技术进步角度来看，第一，由于出口部门直接面对国际市场的竞争，因而出口部门在竞争中会提高技术水平，从而提高了出口部门中投入要素的报酬，进而扩大了国内的收入差距。第二，出口企业的技术进步可能会扩散到国内其他企业部门，从而缩小国内收入差距。第三，如果出口带来的技术进步在不同生产要素之间是偏斜的，那么技术进步较高的要素将获得更高收入，从而扩大收入差距。陈宇峰等（2013）就曾从技术偏向性进步角度指出，企业选择的资本偏向型技术会导致劳动者的收入份额下降。郑猛等（2015）的研究也指出，我国的制造业存在明显的技术进步偏向，制造业中的 R&D 更倾向于资本偏向型技术进步，因而导致不同生产要素所有者之间的收入差距。

从动态的要素积累角度来看，比如人力资本积累和物质资本积累，一方面，当出口导致收入差距扩大时，收入较高的群体将会有更多人力资本积累和物质资本的积累，这必然会导致下一轮的收入差距继续扩大，从而陷入收入差距持续扩大的恶性循环之中。阿兹和崔（Aziz and Cui，2007）、陈斌开等（2012）就认为，当收入越来越集中在少数群体时，资本这种生产要素在人群中的分布就极其不均匀，表现在资本这种生产要素越来越集中在少数群体手里，从而导致收入差距的持续扩大。另一方面，如果出口贸易促进了中、低收入者的资本积累，则出口贸易就有利于缓解收入差距的扩大。赫尔普曼等（Helpman et al.，2010，2012）就认为，出口贸易存在“学历筛选”效应，会通过促使中、低收入者延长教育年限来促进其进行人力资本积累。遵照这一传导机制，陈昊（2012）的研究发现，就整体而言，我国的出口贸易显著地延长了初等教育劳动者的受教育年限，这势必会缩小初等教育劳动者与高等教育劳动者的收入差距。

二、进口贸易对我国整体收入差距影响的传导机制

从要素供需均衡角度来看，进口贸易会降低国内竞争部门投入要素的需求，如果要素供给是无限弹性的，那么进口贸易的就业效应会扩大要素所有者之间的收入差距。如果要素供给不是无限弹性的，在短期内，将会降低国内竞争部门投入生产要素价格，进而使进口部门投入要素所有者的收入降低，从而扩大可贸易部门投入要素所有者与不可贸易部门要素所有者的收入差距。伍德（Wood，1995）就提出，进口贸易自由化将会降低进口企业中非熟练工人的工资水平。在长期中，如果要素不能自由流动，或者可贸易部门投入要素具有不可替代性，那么进口也会扩大出口部门投入要素所有者与进口部门要素所有者的收入差距。

从技术进步角度来看，第一，进口贸易的技术进步扩散效应会使技术向国内竞争部门扩散，从而提高国内竞争部门的技术水平，进而缩小国内的收入差距。福瑞特和泽科（Ferrett and Zikos）就认为，随着进口贸易的增加，国外R&D的溢出效应将会通过国际贸易的渠道扩散，并将提高进口国技术水平，导致其产业规模的扩大和工资水平的整体提升（Ferrett and Zikos，2013）。第二，进口贸易的竞争效应也会倒逼国内竞争部门提高技术水平，进而缩小国内的收入差距。部分学者的研究证实了这一机制，他们认为，进口贸易通过竞争和淘汰机制，挤出了进口国相对落后企业，这将提高进口竞争产业内工人工资（Bosetti et al.，2008；Leimbach and Baumstark，2010）。第三，在当前国际垂直专业化

生产的背景下，如果进口贸易的对象是中间产品，中间产品的进口贸易将导致进口国的产业深度地融入国际分工体系中，不仅会使某一生产环节更加专业化，还会导致这一专业化生产环节的规模经济，从而该产业的劳动要素获得更多收益，进而扩大收入差距（Ishii and Yi，1997）。同时，通过产业的关联，使上、下游产业获得技术提升（Ethier，1982；郭克莎，2000）。第四，如果进口贸易导致的技术进步在不同生产要素之间是偏斜的，那么技术进步较快的要素将获得更高收入，从而扩大收入差距，这一传导机制与出口贸易的传导机制相同。

从动态的要素积累角度，比如从人力资本积累和物质资本积累地角度来看。当进口贸易导致收入差距扩大时，收入较高的群体将会有更多的人力资本积累和物质资本积累，这必然会导致下一轮的收入差距继续扩大，从而陷入收入差距持续扩大的恶性循环之中。当然，如果进口会缩小不同群体间的收入差距，将会使收入差距越来越小，收敛于收入平等。这一传导机制与出口贸易相同，在此不再赘述。

三、进出口贸易对区域间或行业间收入差距影响的传导机制

上面所论述的是同一个区域中导致收入差距扩大或缩小的一般化传导机制，如果进口、出口活动在区域间或行业间不平衡，则必然会引起区域间或行业的收入差距扩大或缩小。比如，从要素积累角度来看，如果人力资本积累和资本积累集中在某一区域或行业，则该区域或行业的收入水平就较高，从而拉大了与其他区域或行业间收入差距。从东部、中部和西部区域划分来看，我国的人力资本和物质资本多集中在我国的东部地区，因而造成了我国东部地区与中、西部地区之间收入差距较大。再比如，从技术进步角度来看，由于进口、出口贸易活动主要集中在东部地区和城市，因而东部地区和城市的技术进步更快，由此导致基于生产率差异的收入差距不可避免。上述情况在行业间分布如果是不均衡的，将必然引起行业间收入差距扩大。

第三章

增加值贸易核算的理论模型

第一节 增加值贸易理论的产生

伴随着国际分工的深化，产品生产的每一个环节都已经融入全球化之中，“世界制造”已经成为生产全球化的事实特征。以美国 iPhone 的生产为例，为完成一台 iPhone 生产，至少有美国、韩国、日本、德国和中国 5 个国家共同参与其中。这说明，大量“中国制造”产品仅仅是“中国组装”而已。全球化专业分工，标志着国际贸易的形式已经从产业间贸易与产业内贸易发展到了学界称为“垂直专业化”（Vertical Specialization）阶段。当然，不同学科领域对这种对外贸易形式有不同的称谓，比如“价值链条切分”（Slicing up the Value Chain）、“外包生产”（Outsourcing）、“分散化生产”（Disintegration of Production）、“生产碎片化”（Fragmentation）、“多阶段生产”（Multi-stage Production）和“产品内专业化”（Intra-product Specialization）都是指这一国际分工形式（Hummels etc.，2001）。根据世界贸易组织和日本经济发展研究所（2011）的估计，在 2009 年中间品贸易已经占据 51% 的贸易份额并逐年呈上升趋势。

在国际垂直专业化生产的背景下，传统的总值贸易核算方式已经无法适应新的贸易形势。首次明确提出需要测度增加值贸易额的是道丁等（Daudin et al.，2009），他们认为在国际生产垂直一体化的背景下，必须使用增加值贸易才有意义。新玉晴和戴特（Xing and Detert，2011）就发现，一部在我国组装的出厂价格为 178.96 美元的 iPhone 手机，包含来自于日本、韩国、德国的零部件价值分别占出厂价的 33.8%、12.8% 和 16.1%，而在我国实际发生的增值仅为 6.5 美元的组装成本，占出厂价的 3.6%。如果按照传统的贸易核算方法，这台 iPhone 的进出口总额为 351.42 美元，是 6.5 美元的 54 倍，即使仅考虑出口额 178.96 美元，也极大地夸大了中国从国际贸易所获得的收益，这必然会夸大这些收益在国内不同经济主体间的分配，影响相关经济政策的制订。因而，世界经济贸易组织总干事拉米在 2011 年时进一步强调指出，全球化改变了旧有的国际分工模式，使得产品内贸易迅速发展，传统的总值贸易统计方式无法正确反映实际的贸易收益，应该采取增加值贸易核算方法取代原有传统的贸易核算方法，准确地获得最终产品生产环节中参与国家实际贡献增加值，以真正地评判参与国家在国际贸易中收益与分配（王昭和杨京德，2011）。

总体上看，在国际垂直专业化生产的背景下使用传统的对外贸易核算方法，中间产品贸易越频繁，一个国家产品的出口中包含有从他国进口的中间产品的价值越多。因而，采用传统的贸易核算会导致以下一系列问题。

（一）统计假象

1996 年，菲斯特拉等（Feenstra et al.）的研究就指出，中美贸易不平衡是世界贸易模式变化的结果。中国出口到美国的加工产品及由此产生的全部逆差被错误地计算到了美国对中国贸易，中美间的贸易逆差包含有很多“水分”。

孟波和米若德特（Meng and Miroudot，2011）对 2009 年 iPhone 生产环节进行了国际追踪，他们认为，按照传统贸易核算方式测算，2009 年在 iPhone 贸易中，美国对中国有 19 亿美元的逆差。但是，如果按照增加值贸易核算方法进行计算，逆差仅为7300万美元。类似的分析还包括芭比娃娃、诺基亚手机、惠普笔记本电脑等。

邓军（2014）认为，在全球化背景下，中间产品贸易在总贸易额中的占比正在逐年上升，这说明传统的贸易核算方法不能够真实地反映参与国的贸易利得，进而引发“所见非所得”问题。他利用经合组织的全球投入产出数据库研究发现，传统贸易核算方法计算的贸易额被夸大了，导致了“统计假象”。

张磊和徐琳（2013）研究表明，如果按照增值法进行统计，中美之间的贸易顺差在很大程度上属于中国产品的重复计算。因而，传统贸易核算方法下，我国外贸统计中的“被顺差”现象被夸大了。

陈雯和李强（2014）基于OECD和WTO组织开发的增加值贸易核算方法，利用1995~2011年国际投入产出表，分别测算了我国货物贸易和服务贸易的增加值进出口规模以及各行业的增加值出口规模，并将之与传统贸易核算方法下计算结果进行了比较。研究比较结果显示，传统的贸易核算访求不仅在总量上高估了我国的出口规模，还严重扭曲了我国各行业的出口规模。

（二）导致情况误判和政策错位

徐清军（2013）认为，错误的统计方法导致了对一系列贸易问题和形势的错误，如比较优势、双边贸易平衡、出口结构、有效汇率，这必将引发我国与主要发达国家之间的贸易争端。

赵玉焕和常润岭（2012）认为，在跨境生产分散化的情况下，传统的贸易统计数据将会导致政策错位。

马涛和刘仕国（2013）考察了全球价值链下增加值贸易核算方式的影响，认为增加值贸易核算有利于廓清中国在全球贸易失衡中的责任。

正是由于传统的国际贸易核算方式可能会产生各种问题，带来严重的后果，已经不能与当前全球国际贸易形式相匹配，因此产生了增加值贸易这种新的核算方法。

第二节　增加值贸易核算方法的发展

增加值贸易核算，是一种计算由一国创造却直接或间接包含于他国最终消费中的增加值的核算方法。增加值贸易核算体系以垂直专业化为背景，形成了一个全新的贸易统计框架。根据潘文卿等（2014）的综述，增加值贸易核算方法的发展主要经历了以下几个阶段。

一、HIY 核算方法

潘文卿和李跟强（2014）指出，随着生产过程的专业化，每个国家只负责产品生产的一个或一些生产环节。垂直专业化（Vertical Specialization）过程对要素价格、生产贸易模式、福利等方面都会带来影响，但由于数据可得性原因，对增加值贸易的研究在胡梅尔斯等（Hummels D et al.，2001，以下简称 HIY）以前只停留在案例研究阶段。2001 年，HIY（2001）通过定义一个狭义的垂直专业化概念，为测量增加值贸易提供了理论基础。这一开创性的成果被后来的学者不断扩充和发展，使得广义层面的垂直专业化的测量也具有了可操作性。HIY 方法有两个基本的假设：第一，假定不存在一个国家进口中间产品并将其加工成半成品后又出口到国外的情况。第二，假定进口的中间投入会均等地用于国内生产、国外消费的最终产品。

在以上两个假设基础上，HIY（2001）将垂直专业化（VS）定义为用于生产出口产品的进口投入。依据一个国家的投入—产出表，把一个国家的出口分解为国外增加值和国内增加值，首次提出了计算垂直专业化程度的一般化方法。在 HIY（2001）提出的核算方法中，如果把一国出口中被他国用于生产出口的产品价值定义为 VS1，而将包含在一国出口中的从他国进口的中间投入定义为 VS，则 VS 的计算公式为式（3－1）：

$$VS_k/X_k = uA^M[I - A^D]^{-1}X/X^k \qquad (3-1)$$

在式（3 - 1）中，A^M 为进口系数矩阵，A^D 为国内直接投入系数矩阵，X 为出口列向量，X_k 为 k 国出口总额，u 为元素是 1 的行向量。书中之所以采用这种形式而不是 $VS_k/X_k = uA^M X/X_k$，是考虑到进口的中间投入可能会在包含到出口产品之前在国内部门之间“流转”，也就是说在国内经过多次加工，而 $[I - A^D]^{-1}$ 反映到了这种可能。因为 $[I - A^D]^{-1}$ 代表国内完全消耗系数矩阵，它反映了国内各个部门的直接投入和间接投入。

二、KPWW 核算方法

正如科普曼斯等（2010，以下简称 KPWW）所言，HIY（2001）核算方法暗含的两个假设条件太过苛刻，与现实可能不符合。其一，HIY 核算方法中假设不存在一个国家进口中间产品并将其加工成半成品后又出口到国外的情况，但是这种情况在产品内贸易中普遍存在。同时，一个国家从国外进口的中间产品中也可能包含本国的增加值，但 HIY 方法中却没有考虑这种情况。其二，HIY 核算方法中假设进口的中间投入会平均地用于国内生产、国外消费的最终产品，这个假定更与现实严重不符合（潘文卿、李跟强，2014）。

为了解决 HIY 方法的缺陷，科普曼斯等（2010）对增加值贸易的测度进行了系统研究，在保持与 HIY 核算方法的原始概念一致性的基础上，将 HIY 核算方法推广到全球体系下，简称 KPWW 核算方法。在 KPWW 核算方法框架下，HIY 核算方法仅仅是 KPWW 核算方法下的一个特例而已。KPWW 核算方法基于全球生产链，通过构建国际投入—产出表，把一个国家的出口总值分解为国外增加值和国内增加值，而国内增加值又进一步分解为最终产品出口、由直接进口国吸收的中间品出口、被转口到第三国的中间品出口、返销本国的中间品出口。这种 KPWW 核算方法整合了已有的研究成果，构筑了一个完整的核算理论框架，操作上切合实际，已经获得了广泛的应用，得到了很多有价值的研究成果。比如，我国学者李昕（2012）就利用 KPWW 核算方法进行了相关研究，研究结论是，2002～2007 年，依据增加值贸易核算方法测算得到的我国进口、出口贸易额，分别低于传统贸易核算方法得到贸易总额的 14.1% 和 20.5%，贸易顺差低于传统贸易核算贸易顺差的 24.9%。

第三节　增加值贸易核算的理论模型

根据李昕（2012）的研究，为简化起见，假设存在两个国家（中国与其他国家），每个国家有 N 个可贸易部门，生产 n 种产品，并且每种贸易品都可以被用于直接的最终消费或者作为其他产品生产的中间投入品。两国间的贸易完全自由化，不存在贸易壁垒。

一、根据投入产出表的行向关系

总产出 = 中间需求 + 最终消费 =（国内生产需求 + 国外生产需求出口）+（国内最终消费 + 国外消费出口）

用公式表示，即式（3－2）：

$$X_c = (A_{cc}X_c + A_{cw}X_w) + (Y_{cc} + Y_{cw}) \tag{3-2}$$

在式（3－2）中，下标 c 代表我国，w 代表世界上其余国家，X_c 和 X_w 是 $N \times 1$ 的产出向量，代表我国和世界其余国家 N 个可贸易部门的总产出。Y_{cc} 和 Y_{cw} 是 $N \times 1$ 最终消费向量，分别代表我国最终消费与中国对世界其余国家的消费出口。A 代表 $N \times N$ 直耗系数矩阵，A_{cc} 表示我国总产出中消耗本国产品的直耗系数矩阵，A_{cw} 的下标代表 c 对 w 的投入，即世界其余国家产出中消耗中国产品的直耗系数矩阵。式（3－2）用矩阵形式表示为式（3－3）：

$$\begin{bmatrix} X_c \\ X_w \end{bmatrix} = \begin{bmatrix} A_{cc} & A_{cw} \\ A_{wc} & A_{ww} \end{bmatrix} \begin{bmatrix} X_c \\ X_w \end{bmatrix} + \begin{bmatrix} Y_{cc} + Y_{cw} \\ Y_{wc} + Y_{ww} \end{bmatrix} \tag{3-3}$$

式（3－3）可进一步写成里昂惕夫逆矩阵形式（Leontief Inverse

Matrix)：

$$X=(I-A)^{-1}Y_{cc}=BY$$

即：

$$\begin{bmatrix} X_c \\ X_w \end{bmatrix}=\begin{bmatrix} I-A_{cc} & -A_{cw} \\ -A & I-A_{ww} \end{bmatrix}^{-1}\begin{bmatrix} Y_{cc}+Y_{cw} \\ Y_{wc}+Y_{ww} \end{bmatrix}=\begin{bmatrix} B_{cc} & B_{cw} \\ B_{wc} & B_{ww} \end{bmatrix}^{-1}\begin{bmatrix} Y_c \\ Y_w \end{bmatrix} \tag{3-4}$$

其中：

$$\begin{bmatrix} B_{cc} & B_{cw} \\ B_{wc} & B_{ww} \end{bmatrix}=\begin{bmatrix} (I-A_{cc}-A_{cw}(I-A_{ww})^{-1}A_{wc})^{-1} & B_{cc}A_{cw}(I-A_{ww})^{-1} \\ (I-A_{ww})^{-1}A_{wc}B_{cc} & (I-A_{ww}-A_{wc}(I-A_{cc})^{-1}A_{cw})^{-1} \end{bmatrix} \tag{3-5}$$

二、根据投入产出表中的列向平衡关系

总产出 = 中间投入 + 价值增值

用公式表示即：　$X=\lambda X+V$　(3－6)

式（3－6）中，λ 表示中间投入率向量的对角矩阵，V 表示 N×1 的价值增值向量。因为中间投入包括国外中间投入与国内中间投入，即式（3－7）：

$$\lambda=\begin{bmatrix} \lambda_c & 0 \\ 0_{wc} & \lambda_w \end{bmatrix}=\begin{bmatrix} A_{wc}+A_{cc} & 0 \\ 0 & A_{cw}+A_{ww} \end{bmatrix} \tag{3-7}$$

式（3－7）可写为：$X=(I-\lambda)X=V'BY$。　(3－8)

其中：

$$V'=\begin{bmatrix} V'_c & 0 \\ 0_{wc} & V'_w \end{bmatrix} \tag{3-9}$$

$$V'B=\begin{bmatrix} V'_cB_{cc} & V'_cB_{cw} \\ V'_wB_{wc} & V'_wB_{ww} \end{bmatrix} \tag{3-10}$$

因为 λ 代表总产出的中间投入率，因而（I－λ）实际上代表总产出的增加值率 V′，V′B 代表表示最终需求的增加值率。V'_cB_{cc} 表示中国

最终产品之中我国的增加值率；$V'_w B_{wc}$ 表示中国最终产品中世界其余国家的增加值率。同理，$V'_c B_{cw}$ 表示世界其余国家最终产品中中国的增加值率；$V'_w B_{ww}$ 代表世界其余国家最终产品中自身的增加值率。将我国或世界其余国家所产生的增加值标准化，则：

$$V'_c B_{cc} + V'_w B_{wc} = V'_w B_{ww} + V'_c B_{cw} = u \tag{3-11}$$

上面 u 是 $1 \times N$ 的单位向量。

设 E 代表最终产品出口，

$$E = \begin{bmatrix} E_c & 0 \\ 0_{wc} & E_w \end{bmatrix} \tag{3-12}$$

式（3-12）中，E_c 代表中国对世界其余国家的最终产品出口，E_w 代表世界其余国家对中国的最终产品出口（即中国的最终产品进口）。因此，一国的贸易进出口可通过贸易额乘以增加值率得到：

$$V'BE = \begin{bmatrix} V'_c B_{cc} E_c & V'_c B_{cw} E_w \\ V'_w B_{wc} E_c & V'_w B_{ww} E_w \end{bmatrix} \tag{3-13}$$

代入 V'、B，得：

$$V'_c B_{cc} E_c = (I - A_{wc} - A_{cc})(I - A_{cc} - A_{cw}(I - A_{ww})^{-1} A_{wc})^{-1} E_c \tag{3-14}$$

$$V'_w B_{wc} E_c = (A_{wc} - A_{cw}(I - A_{ww})^{-1} A_{wc})(I - A_{cc} - A_{cw}(I - A_{ww})^{-1} A_{wc})^{-1} E_c \tag{3-15}$$

$$V'_c B_{cw} E_w = (A_{cw} - A_{wc}(I - A_{cc})^{-1} A_{cw})(I - A_{ww} - A_{wc}(I - A_{cc})^{-1} A_{cw})^{-1} E_w \tag{3-16}$$

$$V'_w B_{ww} E_w = (I - A_{cw} - A_{ww})(I - A_{ww} - A_{wc}(I - A_{cc})^{-1} A_{cw})^{-1} E_w \tag{3-17}$$

其中，$V'_c B_{cc} E_c$ 和 $V'_w B_{ww} E_w$ 分别代表中国对世界其余国家出口中中国创造的增加值、世界其余国家对中国出口中世界其余国家创造的增加值。$V'_c B_{cw} E_w$ 和 $V'_w B_{wc} E_c$ 分别表示世界其余国家向中国出口中使用中国产品作为中间投入品的增加值（即中国进口中本国增加值折返）、以及中国向世界其余国家出口中使用世界其余国家产品作为中间投入品的增加值（即外国进口中外国增加值折返）。

第四节 增加值贸易额与传统贸易额的比较

根据第三节的理论模型，增加值统计的我国贸易总额公式为：

$$\text{国内增加值出口} + \text{国外增加值进口} = V_c' B_{cc} E_c + V_w' B_{ww} E_w \tag{3-18}$$

而传统贸易核算方法计算的我国贸易总额公式：

$$\text{总出口} + \text{总进口} = E_c + E_w = (V_c' B_{cc} + V_w' B_{wc}) E_c + (V_w' B_{ww} + V_c' B_{cw}) E_w \tag{3-19}$$

上面两个式子非常清晰地表明了增加值贸易核算方法测算的贸易额与传统贸易核算方法测算的贸易额间的差别。两者的主要差异是对折返增加值的处理上，我国对世界其余国家出口本国增加值创造的产品 $V_c' B_{cc} E_c$ 包含两部分：第一部分是用于世界其余国家的最终消费，第二部分是作为中间投入品用于世界其余国家的生产。后者在被用于国外生产后，又可以通过世界其余国家对中国的出口再次折返回中国，即作为中国进口中本国增加值的折返 $V_c' B_{cw} E_w$。因为这部分折返的增加值在中国对世界其余国家出口中已被算入本国创造的增加值，因此可以看出，传统贸易计算对增加值的折返部分进行了重复计算。因为增加值折返广泛地存在于加工贸易中，因而如果一个国家的加工贸易比重越大，那么重复计算的折返数值也就越大，使用传统的贸易核算法将会夸大该国实际的贸易依存度。如果在研究对外贸易对我国收入差距影响时，使用传统贸易核算方法得到的数据，势必也会得出不正确的结论。

第五节 增加值贸易核算方法下我国进出口规模

根据上面所提出的增加值贸易核算理论模型，利用世界投入产出表

(World Input - Output Tables, WIOTs)①，计算得到了我国 1995 ~2011 年增加值贸易核算方法视角下的进出口贸易规模。之所以只计算 1995 ~2011 年增加值贸易核算方法视角下的进出口贸易规模，主要是因为世界投入产出表数据库只公布了 1995 ~2011 年的世界产出表，计算结果如表 3 -1 所示。

表 3 -1　　增加值贸易核算方式下我国对外贸易情况　　单位：亿美元

年份	出口总额	进口总额	进出口总额	净出口	年份	出口总额	进口总额	进出口总额	净出口
1995	1387.3	1105.1	2492.4	282.2	2004	4897.0	3578.5	8475.4	1318.5
1996	1425.7	1204.7	2630.4	221.1	2005	5912.7	4207.9	10120.6	1704.8
1997	1625.3	1235.4	2860.7	389.9	2006	7882.9	5046.4	12929.4	2836.5
1998	1634.5	1216.3	2850.8	418.2	2007	9974.1	4468.1	14442.2	5506.0
1999	1762.1	1298.8	3060.9	463.3	2008	11858.9	7695.2	19554.1	4163.7
2000	2252.7	1764.3	4017.0	488.4	2009	10453.7	7610.3	18064.0	2843.4
2001	2505.5	2109.0	4614.5	396.5	2010	13231.1	10130.2	23361.3	3100.9
2002	2951.2	2381.6	5332.8	569.6	2011	15474.2	12796.9	28271.1	2677.3
2003	3926.1	3130.4	7056.4	795.7					

资料来源：根据世界投入产出表（http://www.wiod.org）计算得到。

根据表 3 -1，可以画出折线图 3 -1，很直观地反映了以增加值贸易为视角的我国对外贸易规模的变动趋势。

从图 3 -1 可以看出，总体来看，增加值贸易视角下的我国对外贸易规模在 2001 年是一个明显的拐点，这主要源于我国加入 WTO 后产品和生产要素的全球配置。同时，2008 年是一个下降的年份，这主要源于美国的金融危机，此后又进入了稳定增长阶段。此外，以增加值贸易

① WIOTs 网址为 http://www.wiod.org，其提供了 1995 ~2011 年 41 个国家和地区、35 个产业部门的投入产出数据。

的视角来看，我国的贸易顺差自 2007 年处于比较稳定状态，并且略有下降。

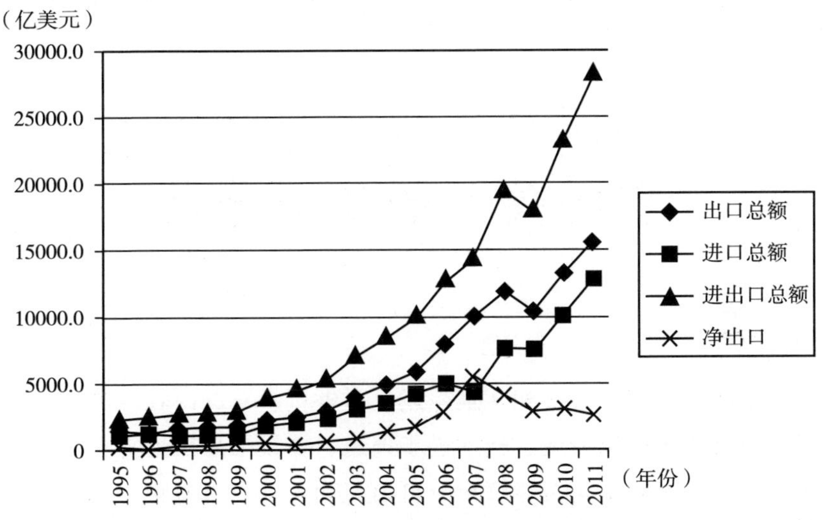

图 3－1 增加值贸易视角下我国对外贸易情况

资料来源：根据世界投入产出表（http：//www. wiod. org）计算得到。

第六节 小 结

在国际垂直专业化生产的背景下，传统的贸易核算方式可能会重复计算对外贸易的折返值，夸大实际的对外贸易规模，将会导致“统计幻象”和情况误判，制定出错误的政策。传统的对外贸易核算方法应该进行修正。因而，产生了增加值贸易核算理论和方法，这种方法能够更清晰地测算出一个经济系统的对外规模，为制定更准确的政策提供了真实的数据参考。

第四章

对外贸易与我国整体收入差距关系的实证分析

根据前面的理论基础和文献综述，对外贸易对国内收入差距的影响可能会沿着要素市场渠道、技术进步渠道、要素积累渠道等渠道而影响收入差距，同时要素是否能够充分自由流动也对收入差距至关重要。当然，关于对外贸易对收入差距的影响，还有其他诸多因素，但出于数据的可获得性原因，本章在实证分析中只考虑了一些影响因素，根据统计学原理，这并不影响相关性分析。

本章主要内容是研究对外贸易对我国整体收入差距的影响，首先，描述我国整体的对外贸易现状，包括传统贸易核算方式下的对外贸易现状和增加值贸易核算方式下的贸易现状，从直观上考察两种核算方式下对外贸易规模的差异。其次，描述了我国整体收入差距现状，通过使用我国基尼系数，考察其逐年变动情况。再次，区分为传统贸易核算方式和增加值贸易核算方式两种情况，进行实证分析，并对实证结果进行比较。最后，归纳总结了本章的主要结论和政策含义。

第一节　我国对外贸易现状

自 1978 年我国改革开放以来，以传统贸易核算视角来看，我国的进出口总规模已经由1978年的206.4亿美元增加到2014年的43015.2亿美元，平均增长速度为155.24%。从全球范围来看，我国的进出口总额由1978年世界排名第二十六位上升到2015年世界排名第一位，其中2015年的出口总额继续世界排名第一位，进口总额世界排名第二位，成为世界排名第一的贸易大国。但在全球专业化生产、产品内贸易出现的背景下，也应该知道在增加值贸易核算方法下我国对外贸易的实际情况。下面将区分为传统贸易核算方式和增加值贸易核算方式两种情况，对我国的对外贸易状况进行考察，以便于直观地感受两种核算方式下的差别。

一、传统贸易核算下我国整体对外贸易现状

新中国成立以来，我国对外贸易的发展主要经历了三个具有明显差异的阶段，这三个阶段的差异体现在贸易数量增长率的不同、贸易模式的不同以及贸易结构的不同，下面仅从贸易数量的变化来说明三个阶段的明显差异。

第一阶段，从1949年中华人民共和国成立到1977年改革开放前。这一阶段的特点是，我国处于计划经济时代，与发达的市场经济国家基本没有贸易往来，进出口贸易活动多集中在社会主义国家且贸易量非常少，因而总体的贸易水平非常低。

表4-1是中华人民共和国成立后到改革开放前历年进口、出口数量，充分显示了第一阶段的对外贸易的变化与特征。

表4-1　　我国1950~1977年对外贸易情况　　单位：亿美元

年份	出口总额	进口总额	净出口	进出口总额	年份	出口总额	进口总额	净出口	进出口总额
1950	5.5	5.8	-0.3	11.3	1954	11.5	12.9	-1.4	24.4
1951	7.6	12.0	-4.4	19.6	1955	14.1	17.3	-3.2	31.4
1952	8.2	11.2	-3.0	19.4	1956	16.5	15.6	0.9	32.1
1953	10.2	13.5	-3.3	23.7	1957	16.0	15.0	1.0	31.0

续表

年份	出口总额	进口总额	净出口	进出口总额	年份	出口总额	进口总额	净出口	进出口总额
1958	19.8	18.9	0.9	38.7	1968	21.0	19.5	1.5	40.5
1959	22.6	21.2	1.4	43.8	1969	22.0	18.3	3.7	40.3
1960	18.6	19.5	-0.9	38.1	1970	22.6	23.3	-0.7	45.9
1961	14.9	14.5	0.4	29.4	1971	26.4	22.0	4.4	48.4
1962	14.9	11.7	3.2	26.6	1972	34.4	28.6	5.8	63.0
1963	16.5	12.7	3.8	29.2	1973	58.5	51.6	6.9	110.1
1964	19.2	15.5	3.7	34.7	1974	69.5	76.2	-6.7	145.7
1965	22.3	20.2	2.1	42.5	1975	72.6	74.9	-2.3	147.5
1966	23.7	22.5	1.2	46.2	1976	68.5	65.8	2.7	134.3
1967	21.4	20.2	1.2	41.6	1977	75.9	72.1	3.8	148.0

资料来源：中华人民共和国国家统计局网站（http：//data. stats. gov. cn/）。

从表4－1可以看出，1950年的进出口总额是11.3亿美元，1960年仅增长为38.1亿美元，1970年是45.9亿美元，到了1977年也仅仅是148亿美元，年均增长率不到10%。在第一阶段中变化较大的拐点是1972年，这主要是源于中美两国结束相互隔绝状态，由此带来的中国与其他国家关系逐渐正常化有关。

图4－1是根据表4－1给出的数据描绘出来的折线图，可以很直观清晰地看到这一阶段的逐年变动情况和变动趋势。

第二阶段，这一阶段的起点是1978年的改革开放，一直到2001年加入WTO前。在这个阶段，在改革与开放两个基本点的基本国策的指引下，我国积极参与全球贸易，更加深入地融入世界经济中，经济实现了从封闭模式到全面对外开放的转变，对外开放领域不断扩大。表4－2是这一阶段的进口、出口贸易数量。从表4－2可以看出，我国进出口总额在1978年是206.4亿美元，到2000年达到了4742.9亿美元，进出口总额是1978年的11倍，是中华人民共和国成立初进出口总额的200倍。对外贸易的不断扩大，为我国各层次的经济主体提供了丰富的融入全球的经济管理和技术知识，这为加入WTO后更加深度地融入世界经济奠定了坚实的基础。

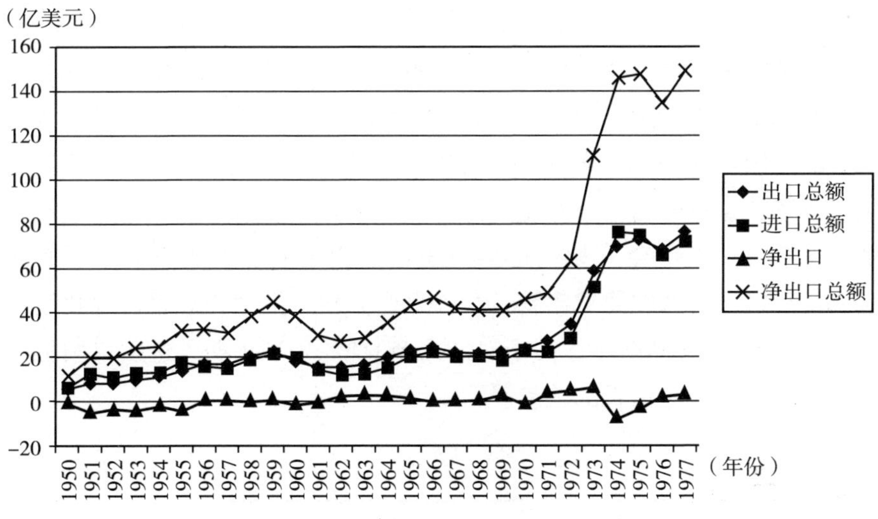

图 4－1　我国改革开放前对外贸易情况

资料来源：中华人民共和国国家统计局网站（http：//data. stats. gov. cn/）。

表 4－2　我国 1978～2001 年对外贸易情况　单位：亿美元

年份	出口总额	进口总额	净出口	进出口总额	年份	出口总额	进口总额	净出口	进出口总额
1978	97.5	108.9	－11.4	206.4	1990	620.9	533.5	87.4	1154.4
1979	136.6	156.7	－20.1	293.3	1991	718.4	637.9	80.5	1356.3
1980	181.2	200.2	－19.0	381.4	1992	849.4	805.9	43.5	1655.3
1981	220.1	220.2	－0.1	440.3	1993	917.4	1039.6	－122.2	1957.0
1982	223.2	192.9	30.3	416.1	1994	1210.1	1156.1	54.0	2366.2
1983	222.3	213.9	8.4	436.2	1995	1487.8	1320.8	167.0	2808.6
1984	261.4	274.1	－12.7	535.5	1996	1510.5	1388.3	122.2	2898.8
1985	273.5	422.5	－149.0	696.0	1997	1827.9	1423.7	404.2	3251.6
1986	309.4	429.1	－119.7	738.5	1998	1837.6	1401.7	435.9	3239.3
1987	394.4	432.1	－37.7	826.5	1999	1949.3	1657.0	292.3	3606.3
1988	475.2	552.7	－77.5	1027.9	2000	2492.0	2250.9	241.1	4742.9
1989	525.4	591.4	－66.0	1116.8	2001	2661.0	2435.5	225.5	5096.5

资料来源：中华人民共和国国家统计局网站（http：//data. stats. gov. cn/）。

图4－2是第二阶段变化的折线图，显示了这一阶段的变动情况和趋势。从图4－2可以看出，20世纪90年代初是第二阶段的关键拐点，这主要源于邓小平南方谈话后，党的十四大明确地提出了我国经济体制改革的终极目标是建立完善的社会主义市场经济体制，这鼓励了产品和生产要素在全球进行统一配置的需求，导致我国进出口贸易规模增长速度明显加快。1995年开始，进出口贸易规模增速有所放缓，主要为了避免经济过热，抑制通货膨胀，我国采取了相对偏紧的宏观财政政策和货币政策。而在2000年，由于对加入WTO的乐观预期，进出口贸易规模开始进入了快速增长的轨道。

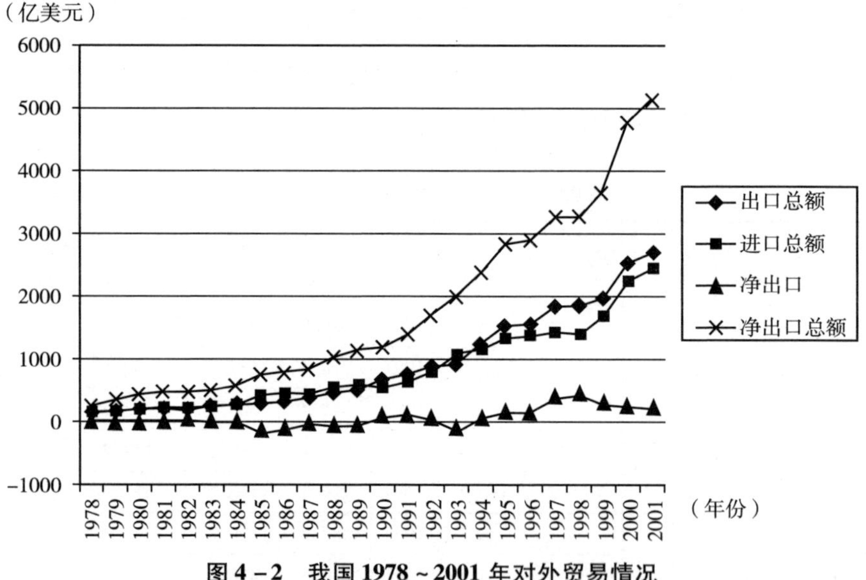

图4－2　我国1978～2001年对外贸易情况

资料来源：中华人民共和国国家统计局网站（http：//data. stats. gov. cn/）。

第三阶段，是自2001年我国加入WTO之后至今，如今已走过近15多个年头。在这期间，我国更加积极参与到全球贸易和世界生产之中，对外贸易数量高速增长，贸易结构不断优化。表4－3给出了逐年进口、出口贸易量，从中可以看到一些增长特征。

表 4-3 我国 2002～2015 年对外贸易情况 单位：亿美元

年份	出口总额	进口总额	净出口	进出口总额
2002	3256.00	2951.7	304.30	6207.70
2003	4382.30	4127.6	254.70	8509.90
2004	5933.00	5612.3	320.70	11545.30
2005	7619.50	6599.5	1020.00	14219.00
2006	9689.40	7914.6	1774.80	17604.00
2007	12177.80	9559.5	2618.30	21737.30
2008	14306.90	11325.6	2981.30	25632.50
2009	12016.10	10059.2	1956.90	22075.30
2010	15777.50	13962.4	1815.10	29739.90
2011	18983.80	17434.8	1549.00	36418.60
2012	20487.10	18184.1	2303.00	38671.20
2013	22090.00	19499.9	2590.10	41589.90
2014	23422.90	19592.3	3830.60	43015.20
2015	22765.74	16820.7	5945.04	39586.44

资料来源：中华人民共和国国家统计局网站（http：//dota.stats.gov.cn/）。

从表 4-3 可以看出，仅仅从数量上看，在全球竞争日趋激烈的背景下，2015 年的进出口总额达到了 39586.44 亿美元，是 2001 年进出口总额的 7.77 倍。在我国贸易总额取得巨大成就的同时，我国对外贸易在世界贸易中的地位也得到了很大提升，到 2015 年我国产品的进口总额和出口总额连续二年居世界第一位，进口总额也稳居世界第二位。图 4-3 是第三阶段的折线图，更直观地显示了这一阶段的变化趋势与特征。

从以上三个阶段的发展历程来看，我国对外贸易额度由最初的仅仅 11.3 亿美元，达到今天的世界第一地位，是一个对外开放程度不断提高的过程。图 4-4 是包括三个阶段的一个综合折线图，更能综合反映了自 20 世纪中期以来我国贸易活动的增长情况。

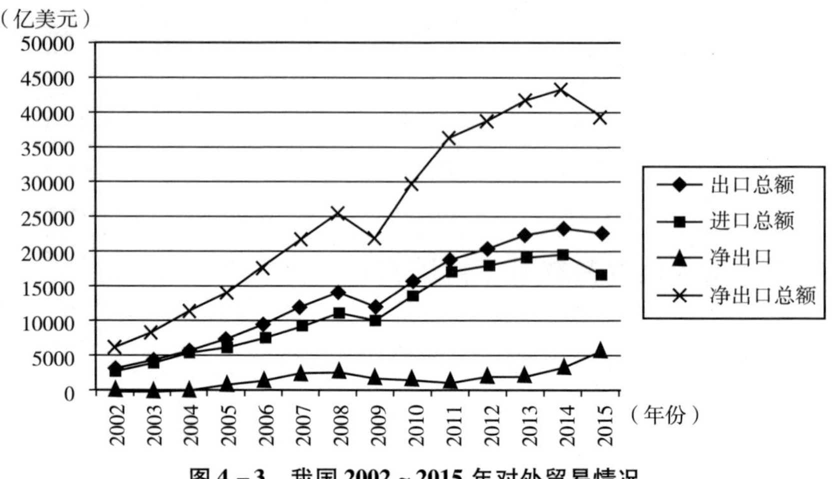

图 4-3　我国 2002 ~ 2015 年对外贸易情况

资料来源：中华人民共和国国家统计局网站（http：//data. stats. gov. cn/）。

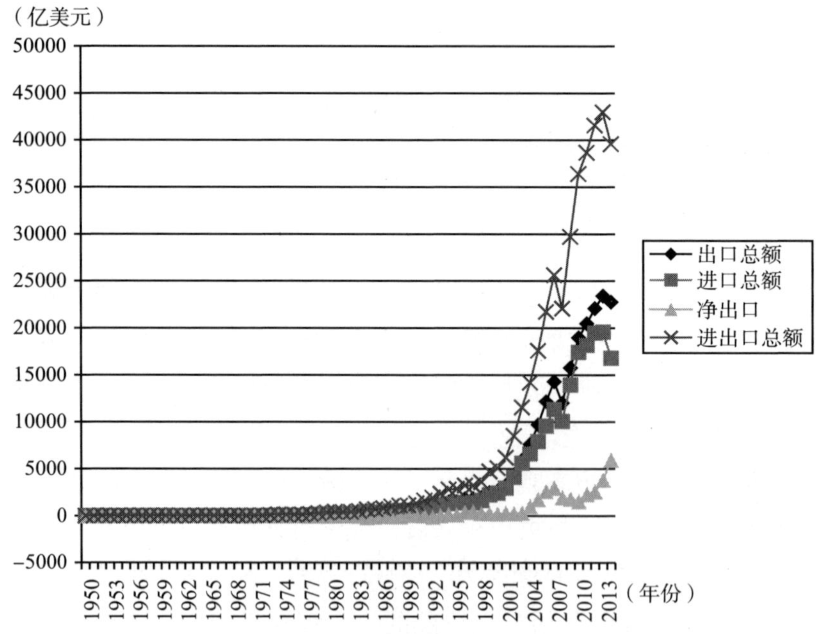

图 4-4　我国对外贸易整体情况（1950 ~ 2015 年）

资料来源：中华人民共和国国家统计局网站（http：//data. stats. gov. cn/）。

从图4－4可以看出，1992年社会主义市场经济的确立，2001年我国加入WTO，是我国对外贸易规模变化的两个重大拐点，在拐点后我国的对外贸易规模增长速度明显加快，为我国成为世界第一贸易大国奠定了坚实的内部制度基础和外部环境保障基础。

二、增加值贸易核算下我国整体对外贸易现状

根据第三章增加值贸易核算理论计算得到的我国对外贸易规模数据，复制成表4－4[①]：

表4－4　　增加值贸易核算方式下我国对外贸易情况　　单位：亿美元

年份	出口总额	进口总额	进出口总额	净出口	年份	出口总额	进口总额	进出口总额	净出口
1995	1387.3	1105.1	2492.4	282.2	2004	4897.0	3578.5	8475.4	1318.5
1996	1425.7	1204.7	2630.4	221.1	2005	5912.7	4207.9	10120.6	1704.8
1997	1625.3	1235.4	2860.7	389.9	2006	7882.9	5046.4	12929.4	2836.5
1998	1634.5	1216.3	2850.8	418.2	2007	9974.1	4468.1	14442.2	5506.0
1999	1762.1	1298.8	3060.9	463.3	2008	11858.9	7695.2	19554.1	4163.7
2000	2252.7	1764.3	4017.0	488.4	2009	10453.7	7610.3	18064.0	2843.4
2001	2505.5	2109.0	4614.5	396.5	2010	13231.1	10130.2	23361.3	3100.9
2002	2951.2	2381.6	5332.8	569.6	2011	15474.2	12796.9	28271.1	2677.3
2003	3926.1	3130.4	7056.4	795.7					

资料来源：根据世界投入产出表（http：//www.wiod.org）计算得到。

正如第三章所言，总体来看，增加值贸易核算方法下的我国对外贸易规模在2001年是一个明显的拐点，这主要源于我国加入WTO后产品和生产要素的全球配置。同时，2008年是一个下降的年份，这主要源

① 本表与第三章的表3－1相同，为了保持本章的完整性和独立性，重新在本章列出。

于美国的金融危机，此后又进入了稳定增长阶段。此外，以增加值贸易的视角来看，我国的贸易顺差自 2007 年以来，一直处于比较稳定的状态，并且略有下降，并没有传统贸易核算方式下贸易顺差的扩大。

三、两种核算方式下的直观比较

根据表 4 –2、表 4 –3 中我国的传统贸易核算方法下的部分对外贸易数据，表 4 –4 中增加值贸易核算方法下的对外贸易数据，可以总结出表 4 –5，以便于比较增加值贸易核算方式下的对外贸易规模与传统贸易核算方式下的对外贸易规模。表 4 –5 第 4 列显示，增加值贸易规模占传统贸易规模的比例虽然在 2009 年有所回升，但总体趋势是下降的，这充分说明我国参与全球专业化生产的垂直专业化程度越来越高，也意味着我国产品内贸易比重总体的上升趋势。

表 4 –5　　两种核算方式下的对外贸易规模对比　　单位：亿美元

年份	增加值贸易核算下进出口规模	传统贸易核算下进出口规模	增加值贸易规模/传统贸易规模
1995	2492. 400000	2808. 6	0. 887417219
1996	2630. 397893	2898. 8	0. 907409236
1997	2860. 702111	3251. 6	0. 879782910
1998	2850. 767620	3239. 3	0. 880056685
1999	3060. 903426	3606. 3	0. 848765612
2000	4017. 000000	4742. 9	0. 846950178
2001	4614. 464525	5096. 5	0. 905418331
2002	5332. 800000	6207. 7	0. 859062133
2003	7056. 448260	8509. 9	0. 829204604
2004	8475. 435567	11545. 3	0. 734102671
2005	10120. 600000	14219. 0	0. 711765947
2006	12929. 353180	17604. 0	0. 734455418
2007	14442. 200000	21737. 3	0. 664397142

续表

年份	增加值贸易核算下进出口规模	传统贸易核算下进出口规模	增加值贸易规模/传统贸易规模
2008	19554.100000	25632.5	0.762863552
2009	18064.000000	22075.3	0.818290125
2010	23361.300000	29739.9	0.785520462
2011	28271.100000	36418.6	0.7762819

资料来源：根据世界投入产出表（http://www.wiod.org）及中华人民共和国国家统计局网站（http://data.stats.gov.cn/）计算得出。

图4－5充分而直观地反映了这种变化，1995～2003年，垂直专业化程度在0.8～0.9，2004年后主要年份中的垂直专业程度在0.7～0.8波动。

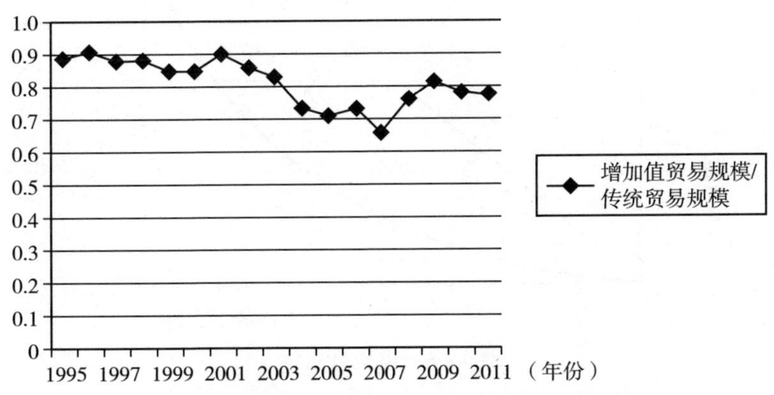

图4－5　我国在全球专业化生产中的垂直专业化程度

资料来源：根据世界投入产出表（http://www.wiod.org）及中华人民共和国国家统计局网站（http://data.stats.gov.cn/）计算得出。

第二节　我国总体收入差距现状

刻画收入差距的一个重要指标是基尼系数（GNI），而基尼系数是在洛伦兹曲线的基础上计算得到的。洛伦兹曲线由美国统计学家（M. O. Lorrenz）提出，用来研究国民收入在国民之间的分配是否平等问题，此后被经济学界普遍采用，用以衡量收入分配不平等的一个重要指标。

洛伦兹曲线首先将一个经济系统的所有人口依照收入由低到高排列，其次从最低收入人口累计开始计算任意百分比人口所得到的收入百分比。如图 4 -6 所示，横轴代表人口的累计百分比（人口按收入从低到高排列），纵轴代表收入的累计百分比，图中加粗曲线即为洛伦兹曲线。

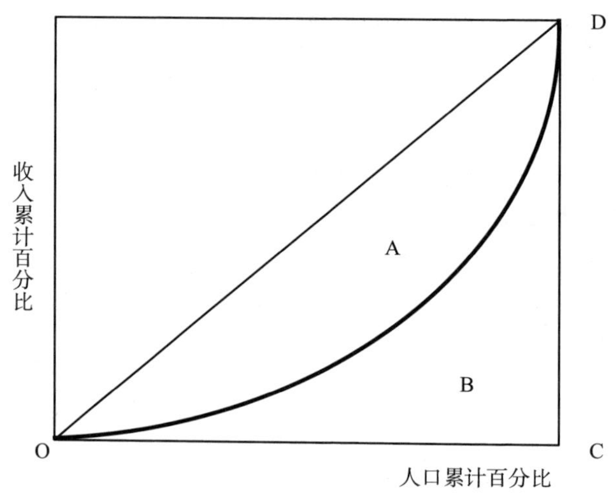

图 4 -6　洛伦兹曲线

从图 4 -6 可以看出，洛伦兹曲线的弯曲程度实际上代表了一个经济系统的收入差距程度。洛伦兹曲线弯曲程度越大，表明收入差距越大；弯曲程度越小，表明收入差距越小。一种极端情况是，一个人掌握了所有收入，其余人口一无所有，此时，收入分配达到完全不平等，收入差距最大。这个时候，洛伦兹曲线即为图 4 -6 中的折线 OCD。另一个极端状况是，一个经济系统任何的人口百分比都等于其收入百分比，这意味着，从低到高的人口累计百分比等于该部分人口的收入累计百分比，此时收入分配是完全平等，没有收入差距，洛伦兹曲线是通过原点的45°线，被称为完全平等线。因而，洛伦兹曲线越向右下方凸出，其与完全平等线之间的面积越大，则收入差距越大。

把洛伦兹曲线与对角线之间的面积 A 部分称为“不平等面积”；A + B 面积就是“完全不平等面积”。基尼系数指标就是 A 面积占 A + B 的比值，即：

$$基尼系数 = \frac{A\ 面积}{A\ 面积 + B\ 面积}$$

当 GNI = 1 时，表示收入分配绝对不平等；当 GNI = 0 时，表示收入分配绝对平等。根据现在国际上的划分标准，不同基尼系数数值刻画了收入差距的程度：

（1）GNI 在 0.2 ~ 0.3，代表收入差距较小；

（2）GNI 在 0.3 ~ 0.4，代表收入差距小；

（3）GNI 在 0.4 ~ 0.5，表示收入差距较大；

（4）GNI 大于 0.5，表示收入差距特别大。

表 4 - 6 是我国 1994 年以来的历年基尼系数，从表中数据可以看出，我国的基尼系数虽然近几年来有所下降，但数值均大于 0.4，按照国际标准，属于收入差距较大区间，因而我国收入差距问题是值得重视的一个问题。

表 4 - 6　　我国的基尼系数（1994 ~ 2015 年）

年份	基尼系数	年份	基尼系数
1994	0.436	2000	0.417
1995	0.445	2001	0.490
1996	0.485	2002	0.454
1997	0.403	2003	0.479
1998	0.403	2004	0.473
1999	0.397	2005	0.485

续表

年份	基尼系数	年份	基尼系数
2006	0.487	2011	0.477
2007	0.484	2012	0.474
2008	0.491	2013	0.473
2009	0.490	2014	0.469
2010	0.481	2015	0.462

资料来源：根据中华人民共和国国家统计局网站（http：//data. stats. gov. cn）数据计算得出。

图 4 -7 是根据表 4 -6 描绘出来的曲线，更能直观地显示我国基尼系数近年来所处区间及变动趋势。从图 4 -7 可以清晰地看出，近年来我国的基尼系数一直在 0.4 ~ 0.5，1997 ~ 1999 年曾有过短暂三年的下降，之后以 1999 年为拐点，持续 10 年的缓慢上升后，开始缓慢下降过程。

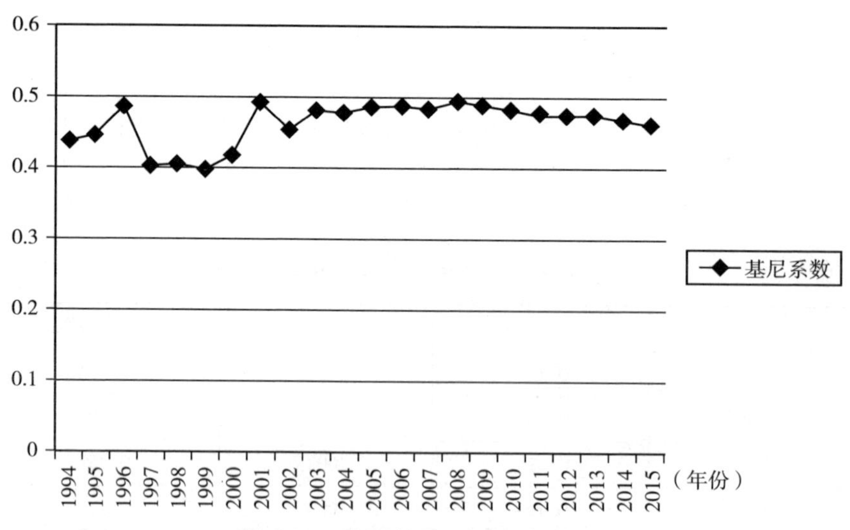

图 4 -7　我国基尼系数的变动情况

资料来源：根据中华人民共和国国家统计局网站（http：//data. stats. gov. cn/）数据计算得出。

第三节　传统贸易核算下对外贸易影响我国整体收入差距的实证分析

一、模型构建

（一）变量的定义与数据来源

1. 被解释变量（GNI）

由于本部分主要考察对外贸易对我国整体收入差距的影响，所以本部分的被解释变量是代表我国整体收入差距的基尼系数。计算方法为杨耀武和杨澄宇（2015）提供的方法，数据来源为 1999 ~2014 年的《中国统计年鉴》。

2. 解释变量

第一个解释变量是代表对外贸易水平高低的变量，用进出口总额占 GDP 的比（TRADEP）代表对外贸易水平，也就是常说的对外依存度；第二个解释变量是人力资本水平（HC），使用样本期内我国国民平均受教育年限作为替代指标①，数据来源为《新中国六十年统计资料汇编》和 1999 ~2014 年《中国统计年鉴》相关数据计算得到；第三个解释变量为资本的效率（KEP），用历年 GDP 对固定资本存量的弹性代表，数据来源为 1991 ~2015 年《中国统计年鉴》；第四个解释变量为要素自由流动程度（FF），包括劳动的自由流动程度和资本的自由流动程度，对劳动的自由流动程度采用张辽（2013）的方法，对资本的自由流动程

---

① $HC = J\times6 + H1\times9 + H2\times12 + H3\times16$，其中 J 代表我国人口中小学毕业人口所占比例，H1 代表我国人口中初学毕业人口所占比例，H2 代表我国人口中高中毕业人口所占比例，H3 代表我国人口中大专及以上学历毕业人口所占比例。

度采用王小鲁和樊纲（2004）的方法，分别计算出劳动和资本的流动性指数后再对二者加权平均，权数均为0.5，得到的数值即代表我国历年来的要素自由流动程度。

在所有解释变量数据选择上，样本期间均是1991~2014年①，采用样本数据为我国29个省、自治区和直辖市的面板数据②。

表4-7总结了本部分实证分析的解释变量和被解释变量。

表4-7　　变量及描述

变量	变量类型	变量含义
GNI	被解释变量	基尼系数，代表我国整体收入差距
TRADEP	解释变量	进出口总额占GDP的比，代表对外贸易水平
HC	解释变量	人力资本的效率，代表劳动者的效率
KEP	解释变量	GDP对固定资本存量的弹性，代表资本的技术水平
FF	解释变量	加权平均的资本和劳动流动程度，代表市场化程度，反映的是要素自由流动程度

（二）描述性统计分析

表4-8是解释变量和被解释变量的均值、标准差、最大值和最小值等统计特征，给出这些变量的变化范围。

① 在研究传统贸易核算方式下对外贸易对收入差距影响时，样本期间的选择比增加值贸易核算方式下的样本期要长一些，这主要源于增加值贸易核算方式下的样本期只能选择1995~2011年。

② 不包含港澳台地区数据。由于重庆市于1997年成立，故不将重庆市作为一个省级行政区划，在数据处理上将1998年后的数据并入四川省之中；同时由于西藏自治区的部分数据缺失，因而也将西藏自治区剔除。

表 4－8　变量的统计特征

变量	均值	标准差	最小值	最大值	观测数
GNI	0.4616	0.0309	0.2913	0.4972	672
TRADEP	0.4055	0.1142	0.2811	0.6291	672
HC	7.9890	0.0687	4.9097	11.2630	672
KEP	0.3034	0.0406	0.1867	0.5167	672
FF	0.033576	0.0936	0.0381	0.2442	672

从 4－8 可以看出，在所有的解释变量中，代表要素自由流动程度的 FF 极值比最大，达到了 6.4，说明我国不同省份间要素市场化程度差异存在明显的差异，最大的标准差 0.0936 也反映了这一事实。而其他的解释变量极值比均在 2～3，显示了相对于 FF 而言，存在较小的差异。

（三）计量模型的设定

根据第二章中前人的实证研究结果，发现不同的学者的实证结果有显著差异，有的结果甚至是相反的。因而，对外贸易和我国居民整体收入差距间可能不存在简单的线性关系。基于此，将计量模型写成式（4－1）：

$$GNI_{it} = C_0 + \beta_{12} TRADEP_{it}^2 + \beta_1 TRADEP_{it} + \beta_2 HC_{it} + \beta_3 KP_{it} + \beta_4 FF_{it} + \varepsilon_{it} \quad (4-1)$$

在上面回归模型中，i 代表某省（自治区、直辖市），t 代表时间，为 1991～2014，ε_{it}是误差项。在上面模型中，β_{12}、β_1 是本书关注的核心参数，它的符号能够反映对外贸易对我国收入差距的影响。

二、模型的实证结果与分析

使用面板数据，首先，确定是采用固定效应模型还是随机效应模型，根据 Hausman 检验结果，所设定的回归方程 p 值为 0，因而采用固定效应模型。其次，需要对面板数据进行协整检验，检验的结果表明，变量间存在长期的稳定因果关系。利用统计软件对面板数据进行回归，可以得到表 4 -9 中的回归结果。

表 4 -9　传统贸易核算方式下的对外贸易与我国整体收入差距的回归结果

变量	系数	t 值	P 值
$TRADEP^2$	-1.059677	-2.764354	0.0313130
TRADEP	1.227524	2.865455	0.0174454
HC	-1.348900	-2.189349	0.0187890
KEP	1.234800	2.351128	0.0387480
FF	-2.014100	-3.446166	0.0278430
R - squ	0.91541		

表 4 -9 的结果说明，伴随概率均小于 0.05，说明参数估计有效。调整后的拟合优度达到 91.541%，说明拟合值与实际值误差比较小。通过 t 值，可以判断 5 个估计参数均在 95% 置信水平上显著，因而可以认为估计方程有效。

图 4 -8 是根据回归方程画出的图，其中，横轴是进出口贸易额占 GDP 的比，纵轴是基尼系数，其他的解释变量取均值。

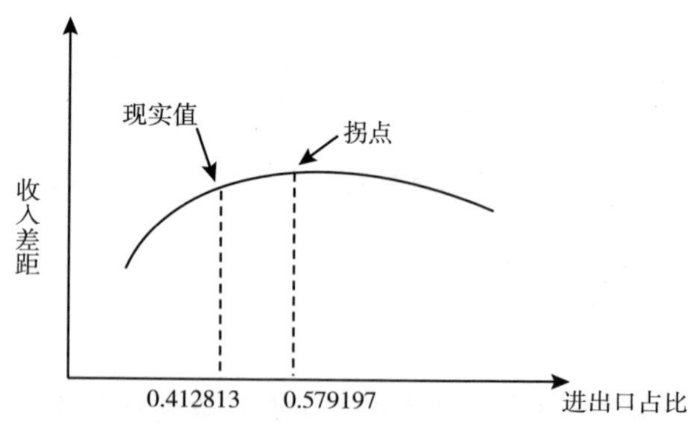

图 4 -8　传统贸易核算方式下对外贸易与整体收入差距关系

从图 4 -8 可以看出，如果以进出口总额占 GDP 的比作为对外贸易活动的规模，在现阶段，对外贸易与我国整体居民收入差距之间呈倒 U 形关系。这说明，开始时，对外贸易规模的扩大将恶化我国居民整体的收入差距，增大居民不平等状况，但随着对外贸易规模的扩大，达到一个拐点后，对外贸易规模的扩大将缩小我国居民整体的收入差距，改善居民收入不平等状况。通过求回归方程的极值，可以得到拐点为 0. 579197。观察我国 2014 年进出口占 GDP 的比为 0. 412813，在拐点的左侧。因而从趋势上看，在现阶段，对外贸易规模的扩大还将扩大我国居民的收入差距，直至进出口总额占 GDP 的比达到 0. 579197。

对于其他的三个解释变量，人力资本水平 HC 前面的系数为负，说明平均受教育年限对于缩小我国居民收入差距具有显著的效果；同样地，要素自由流动程度 FF 前面的系数为负，说明要素的自由流动会降低我国整体的收入差距，而市场分割一定会造成收入差距的扩大；代表资本效率的资本产出弹性 KEP 前面系数为正，说明资本效率的提高却会扩大我国整体的收入差距，提高收入不平等程度，这可能源于我国的投资主体在居民中的不均匀分布导致，且有自我强化趋势。

第四节 增加值贸易核算下对外贸易影响我国整体收入差距的实证分析

一、模型构建

（一）变量的选择与数据来源

1. 被解释变量（GNI）

本部分的被解释变量仍然为代表我国整体收入差距的基尼系数，计算方法仍然是杨耀武和杨澄宇（2015）提供的方法，数据来源为 2000 ~

2011 年的《中国统计年鉴》。

2. 解释变量

在本部分，仍然将人力资本水平（HC）、资本的效率水平（KEP）、要素自由流动程度（FF）作为解释变量，这些变量的含义及计算方法与本章第三节第一部分中相应变量完全相同。

不同的是本部分最重要的一个解释变量 ADXP，是代表对外贸易水平高低的变量。正如在第二章所论证的，在国际垂直专业化生产背景下，应该使用增加值贸易核算方法计算出来的增加值进出口总额来代替传统贸易核算计算得到的进出口总额，因而本部分使用增加值进出口总额占 GDP 的比值（ADXP）作为对外贸易水平高低的替代变量，增加值进出口值总额就是利用第三章介绍的增加值贸易核算方法计算得到的。因为计算增加值进出口需要使用国际投入产出表，从当前国际投入产出表数据库编制来看，世界投入产出表（World Input – Output Tables，WIOTs）在其网站上只公布了 1995 ~ 2011 年 17 年间的世界投入产出表，涵盖 41 个国家（或地区）35 个行业。因而，本部分将根据 WIOTs 公布的世界投入产出表，使用增加值贸易核算方法计算得到的增加值进出口总额。

在所有解释变量数据和被解释变量选择上，样本期间均是 1995 ~ 2011 年，之所以只选择 1995 ~ 2011 年，正如上面所提到的，主要是因为 WIOTs 仅公布了 1995 ~ 2011 年的世界投入产出表。并且，采用样本数据为 1995 ~ 2011 年的包含 35 个行业的面板数据。为了更清晰地观察解释变量和被解释变量，表 4 – 10 总结了本部分实证分析的解释变量和被解释变量及其含义。

表 4 – 10　　变量及描述

变量	变量类型	变量含义
GNI	被解释变量	基尼系数，代表我国整体收入差距
ADXP	解释变量	增加值出口总额占 GDP 的比，代表对外贸易水平

续表

变量	变量类型	变量含义
HC	解释变量	人力资本的效率，代表劳动者的效率
KEP	解释变量	GDP 对固定资本存量的弹性，代表资本的技术水平
FF	解释变量	加权平均的资本和劳动流动程度，代表市场化程度，反映的是要素自由流动程度

（二）描述性统计分析

根据数据，对解释变量和被解释变量进行描述性统计分析，统计特征如表 4－11 所示。

表 4－11　变量的统计特征

变量	均值	标准差	最小值	最大值	观测数
GNI	0. 461600	0. 030900	0. 291300	0. 497200	323
ADXP	0. 373300	0. 058730	0. 282559	0. 463064	323
HC	7. 897000	0. 968300	4. 909700	11. 258000	323
KP	0. 305600	0. 040100	0. 048700	0. 816700	323
FF	0. 033576	0. 036798	0. 000100	0. 244200	323

从表 4－11 可以发现，利用增加值核算方法计算得到的增加值进出口总额占传统贸易核算方法得到的进出口总额的 70% ~91%，这主要与在国际垂直专业化生产的背景下，进口产品被反复计算有关。利用增加值核算方法可以尽量减少反复计算，使结果更真实地反映经济现实。

（三）计量模型的设定

根据以上解释变量和被解释变量的选择，计量模型设定为式（4－2）：

$$GNI_{it} = C_0 + \beta_{12} ADXP_{it}^2 + \beta_1 ADXP_{it} + \beta_2 HC_{it} + \beta_3 KP_{it} + \beta_4 FF_{it} + \varepsilon_{it} \tag{4-2}$$

在式（4 -2）的回归模型中，i 代表 35 个行业中的某个行业，t 代表时间，为 1995 ~2011 年，ε_t 是误差项。在上面模型中，β_{12}、β_1 是本书关注的核心参数，其值的正负能够反映对外贸易对我国收入差距的影响，其值的大小反映了对外贸易对我国收入差距影响的程度。

二、模型的实证结果与分析

使用面板数据，利用统计软件对面板数据进行回归，得到的回归结果如表 4 -12 所示。

表 4 -12　增加值贸易核算方式下的对外贸易与我国整体收入差距的回归结果

变量	系数	t 值	P 值
$ADXP^3$	-3.261220	-2.695660	0.023200
ADXP	2.887164	2.835051	0.010790
HC	-1.348900	-2.189349	0.018789
KEP	1.234800	2.351128	0.038748
FF	-2.014100	-3.446166	0.027843
R - squ	0.885587		

表 4 -12 的结果说明，伴随概率和 t 检验都获得通过，调整后的拟合优度也较高，方程估计有效。

从回归方程的形式看，使用增加值贸易核算方法得到的进出口贸易额占 GDP 比作为对外贸易规模，来考察其对我国居民整体收入差距的影响，也是呈倒 U 形关系，如图 4 -9 所示，其拐点在 0.43401354。

其经济学含义是，当对外贸易规模较小时，对外贸易规模的扩大将恶化我国居民整体的收入差距，恶化居民不平等状况；但随着对外贸易规模的扩大，达到一个拐点后，对外贸易规模的扩大将缩小我国居民整体的收入差距，改善了居民不平等状况。根据表 4 -11，1995 ~2011 年增加值贸易进出口总额占比最大值为 2006 年的 0.463064，在拐点 0.43401354

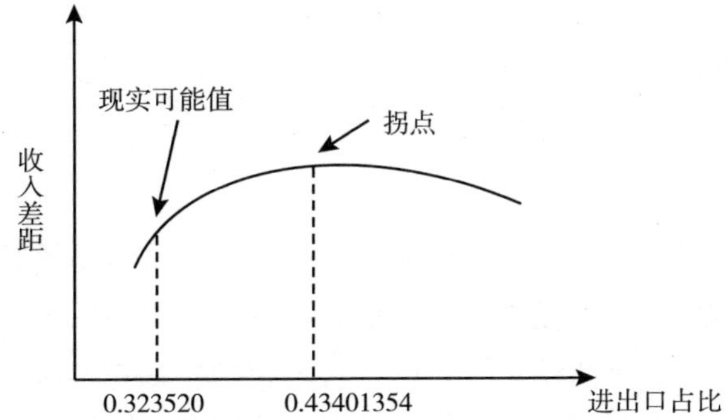

图 4－9 增加值贸易核算方式下对外贸易与整体收入差距关系

的右侧，说明当时对外贸易规模的扩大已经在缩小我国的整体收入差距。但自 2009 年以后，对外贸易占 GDP 的比均在 0.4 以下，这说明 2009 年以来，现实的对外贸易占比在拐点左侧，此时对外贸易规模的扩大将会进一步扩大我国国内的整体收入差距。究其原因，可能是我国在 2009 年以后，强调贸易结构升级而推出了相关贸易政策，导致了对外贸易规模占 GDP 的比缩小有关。

因为没有近几年的国际投入产出表，因而无法计算近几年的增加值核算方法下的进出口占比。如果假定增加值贸易进出口总额变动率与传统贸易核算下的进出口总额变动率相同，2015 年的增加值贸易进出口占 GDP 的比可能值为 0.323520，距离拐点 0.43401354 较远。因而，当前情况下，进出口贸易额的提高将继续扩大我国整体的收入差距，且持续时间较长。

对于其他的三个解释变量，人力资本水平 HC 前面的系数为负，说明平均受教育年限对于缩小我国居民收入差距具有显著的效果；同样地，要素自由流动程度 FF 前面的系数为负，说明要素的自由流动会降低我国整体的收入差距，而市场分割一定会造成收入差距的扩大；代表资本效率的资本产出弹性 KEP 前面系数为正，说明资本效率的提高却会扩大我国整体的收入差距，提高收入不平等程度，这可能源于我国的投资主体在居民中的不均匀分布导致。

第五节　比较分析

表4－13给出了传统贸易核算方式下与增加值贸易核算方式下回归结果比较。结果表明，无论从传统贸易核算方式视角，还是增加值贸易核算视角，对外贸易活动对于我国收入差距的影响都不是简单的线性关系，区分为两个不同阶段。

如表4－13所示，无论使用哪种核算方式来代表对外贸易水平，在对外贸易规模较小阶段，对外贸易活动倾向于恶化我国居民整体的收入不平等状况，扩大我国居民收入差距。但这种影响越来越弱，在达到一定的对外贸易规模后，对外贸易规模的扩大有助于改善我国居民收入不平等状况，缩小我国居民整体的收入差距。从数值模拟上看，无论哪种贸易核算方式，贸易规模均在拐点的左侧。因而，在其他条件不变的情况下，随着我国对外贸易活动的开展，我国居民整体的收入差距还将进一步扩大，但从趋势上看，对外贸易活动的开展将有助于改善我国居民整体的收入不平等状况。同时也应该看到，两种不同核算方式下的拐点是不同的，且当前现状与拐点距离长度存在显著差异。无论采用传统贸易核算方式，还是采用增加值贸易核算方式，现状与拐点距离都相对较远近。这意味着，应该加大我国对外开放的力度，使对外贸易的规模加速增长，尽快越过拐点。

表4－13　　两种不同核算方式下的回归结果比较

变量＼角度	传统贸易核算视角		增加值贸易核算视角	
	符号	大小	符号	大小
进出口额占比平方	–	－1.059677	–	－6.159600
进出口额占比	+	1.227524	+	7.598260
人力资本	–	－1.348900	–	－1.348900

续表

变量 \ 角度	传统贸易核算视角		增加值贸易核算视角	
	符号	大小	符号	大小
产出资本比	+	1.234800	+	1.234800
要素流动	-	-2.014100	-	-2.014100
拐点	0.579197		0.43401354	
现实（可能）值	0.412813		0.323520	
现实（可能）值与拐点关系	左侧		左侧	

第六节　小　结

从我国对外贸易现状来看，无论是传统贸易核算方式下的对外贸易规模，还是增加值贸易核算方式下的对外贸易规模，总体趋势一直都是增长的，增长速度都有所波动。两种核算方式下的贸易规模的差异是，增加值核算方式下的对外贸易规模小于传统贸易核算方式下的对外贸易规模，这说明传统的贸易核算方式重复地计算了我国对外贸易的折返值，夸大了我国的实际对外贸易规模。同时，增加值贸易核算方法测算出来的对外贸易规模与传统贸易核算方式下的对外贸易规模相比，占比呈下降趋势，这说明，在产业内贸易活动增加后，我国参与全球专业化生产的垂直专业化程度越来越高，也意味着我国产品内贸易比重总体上是上升的。此外，从直观上看，尽管我国的基尼系数近几年来有所下降，但数值均大于0.4，按照国际标准，属于收入差距较大区间。

在实证分析部分，通过设定回归模型进行实证分析，得到的实证结果显示，无论从传统贸易核算方式视角，还是增加值贸易核算视角，对外贸易活动对于我国收入差距的影响都不是简单的线性关系，是典型的倒U形关系。区分为两个不同阶段。在对外贸易规模较小阶段，对外贸易活动倾向于恶化我国居民整体的收入不平等状况，扩大了我国居民收入差距。但这种影响越来越弱，在达到一定的对外贸易规模后，对外贸易规模的扩大有助于改善我国居民收入不平等状况，缩小我国居民整体的收入差距。从数值模拟上看，无论哪种贸易核算方式，对外贸易规模均在拐点的左侧。因而，在其他条件不变的情况下，随着我国对外贸易活动的开展，我国居民整体的收入差距还将进一步扩大，但从趋势上看，对外贸易活动的开展将有助于改善我国居民整体的收入不平等状况。同时也应该看到，两种不同核算方式下的拐点是不同的，且当前现状与拐点距离长度存在显著差异。无论采用传统贸易核算方式，还是采用增加值贸易核算方式，现状与拐点距离都相对较远。这意味着，应该加大我国对外开放的力度，使对外贸易的规模加速增长，尽快越过拐点。

同时，实证结果表明，人力资本水平的提高有助于缩小我国整体的收入差距，说明平均受教育年限的增加对于缩小我国居民收入差距具有显著的效果。要素自由流动程度也对改善我国的收入差距有积极作用，说明要素的自由流动会降低我国整体的收入差距，而市场分割一定会造成收入差距的扩大，因而建立、健全统一的要素市场对于缩小收入差距来说至关重要。但是，实证结果指出，资本效率的提高却会扩大我国整体的收入差距，提高我国整体的收入不平等程度，这可能源于我国的投资主体在居民中的不均匀分布导致，且有自我强化的特征。

第五章

对外贸易与我国区域收入差距关系的实证分析

从现实来看，我国区域间的收入差距主要表现在东部、中部、西部三大地带之间的收入差距（刘力，2005）。因而，探讨对外贸易与我国东部、中部、西部之间的收入差距问题是一个重要的经济问题。本章将在描述我国东部、中部、西部之间的对外贸易规模差异和收入差距基础上，实证研究对外贸易是否影响了东部、中部、西部之间的收入差距。如果答案是肯定的，那么方向和强度有多大？本章也将分别在传统贸易核算方式视角和增加值贸易核算方式视角下，对二者的关系进行实证分析。得到实证结果后，将两种视角下的实证结果进行比较。最后，根据实证结果，提出相关政策建议。

第一节　我国东部、中部、西部的对外贸易现状

一、传统贸易核算下我国东部、中部、西部的对外贸易现状

本书研究的区域按照《中国统计年鉴》及现实经济状况，以我国

的省级行政单位作为划分标准，将我国的31个省级行政区划单位（不含港、澳、台地区）划分为东部、西部及中部地区。东部地区有11个省级行政区（3个直辖市，8个省）：北京市、上海市、天津市、河北省、江苏省、浙江省、山东省、福建省、辽宁省、海南省和广东省；中部地区包括8个省级行政区：山西省、安徽省、江西省、湖南省、河南省、湖北省、黑龙江省和吉林省；西部地区包括12个省级行政单位（1个直辖市、6个省，5个自治区）：重庆市、贵州省、四川省、云南省、甘肃省、陕西省、青海省、新疆维吾尔自治区、西藏自治区、宁夏回族自治区、内蒙古自治区和广西壮族自治区。

表5－1给出了我国东部、中部、西部地区1993～2014年的对外贸易规模数据，从中可以看出三个区域对外贸易规模的差异。从中可以发现，我国的对外贸易活动在东部、中部、西部之间分布极不平衡，主要的对外贸易活动发生在东部地区。平均来说，东部地区的进出口贸易总额是中部地区进出口贸易总额的17倍，而东部地区的进出口贸易总额对西部地区进出口贸易总额的倍数更是达到了21倍。这种对外贸易活动的极不平衡性，必然会影响生产要素和技术的区位分布，从而影响地区间的收入差距。

表5－1　　我国东部、中部、西部进出口总额　　单位：亿美元

年份	东部	中部	西部	年份	东部	中部	西部
1993	1683.0	162.4	111.5	2001	4695.9	227.3	173.3
1994	2072.8	153.8	139.6	2002	5733.4	262.6	211.7
1995	2491.2	174.1	143.2	2003	7861.4	365.9	282.5
1996	2576.7	156.5	165.5	2004	10701.3	486.1	357.9
1997	2952.5	162.6	136.6	2005	13188.1	575.9	455.0
1998	2940.6	145.8	152.9	2006	16280.2	746.4	577.4
1999	3310.6	158.7	137.0	2007	19935.3	1017.3	784.7
2000	4373.9	203.0	166.0	2008	23215.4	1350.8	1066.3

续表

年份	东部	中部	西部	年份	东部	中部	西部
2009	20099. 6	1059. 6	916. 1	2012	33745. 6	2558. 2	2363. 6
2010	26864. 1	1591. 1	1284. 8	2013	35977. 4	2844. 0	2781. 5
2011	32224. 4	2234. 2	1839. 4	2014	36559. 5	3127. 1	3343. 8

资料来源：中华人民共和国国家统计局网站（http：//data. stats. gov. cn/）。

图 5 –1 是根据表 5 –1 中的数据描绘而成的折线图，直观地展现了我国东部、中部、西部之间的对外贸易规模的不平衡性和差距。

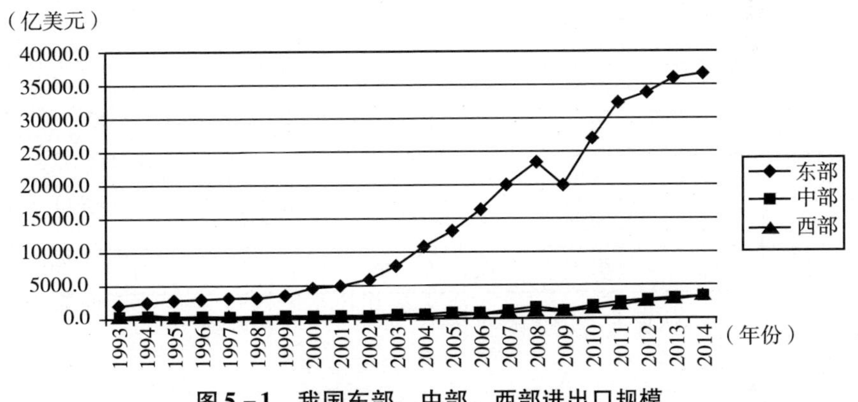

图 5 –1 我国东部、中部、西部进出口规模

资料来源：中华人民共和国国家统计局网站（http：//data. stats. gov. cn/）。

表 5 –2 是历年东部、中部、西部地区的对外贸易规模在我国总的对外贸易规模中所占的比重。可以看出，从变动趋势上看，自 1997 年以来，东部地区的对外贸易量占比呈倒 U 形分布，从最初的上升到最近几年的下降，而中部地区、西部地区则呈现出相反的 U 形分布，从最初几年的下降到近些年的连续上升。从规模上看，东部地区占比持续在 80% ~100%，占据绝对优势；中部地区一直在 4% ~8%，西部地区则处于 3% ~8%。图 5 –2 是根据表 5 –2 描绘出来的曲线，很清晰地显示了这种巨大差距和各自的变化趋势。这种进出口活动在地区间的不均匀分布，及其连续的变化趋势，将对在不同区域中投入的生产要素的报

酬产生影响，进而影响收入差距及变化。

表 5-2　　区域间对外贸易所占比重差异

年份	东部占比	中部占比	西部占比	年份	东部占比	中部占比	西部占比
1993	0.8600	0.0830	0.0570	2004	0.9269	0.0421	0.0310
1994	0.8760	0.0650	0.0590	2005	0.9275	0.0405	0.0320
1995	0.8870	0.0620	0.0510	2006	0.9248	0.0424	0.0328
1996	0.8889	0.0540	0.0571	2007	0.9171	0.0468	0.0361
1997	0.9080	0.0500	0.0420	2008	0.9057	0.0527	0.0416
1998	0.9078	0.0450	0.0472	2009	0.9105	0.0480	0.0415
1999	0.9180	0.0440	0.0380	2010	0.9033	0.0535	0.0432
2000	0.9222	0.0428	0.0350	2011	0.8878	0.0616	0.0507
2001	0.9214	0.0446	0.0340	2012	0.8727	0.0662	0.0611
2002	0.9236	0.0423	0.0341	2013	0.8648	0.0684	0.0669
2003	0.9238	0.0430	0.0332	2014	0.8496	0.0727	0.0777

资料来源：中华人民共和国国家统计局网站（http：//data. stats. gov. cn/）。

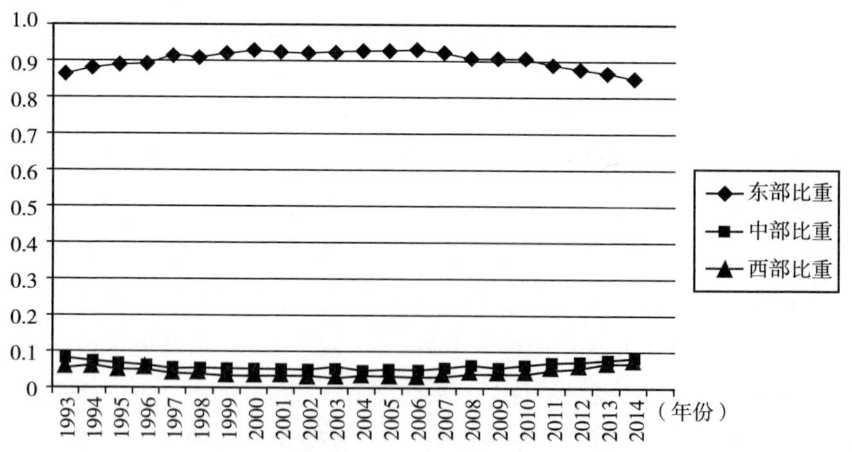

图 5-2　区域间对外贸易所占比重差异

资料来源：中华人民共和国国家统计局网站（http：//data. stats. gov. cn/）。

二、增加值贸易核算下我国东部、中部、西部的对外贸易现状

根据第三章增加值贸易思想和第四章的相关数据，计算得到的我国东部、中部、西部地区的增加值贸易规模，如表 5－3 所示①：

表 5－3　　我国东部、中部、西部增加值贸易规模　　单位：亿美元

年份	东部地区增加值贸易总额	中部地区增加值贸易总额	西部地区增加值贸易总额
1995	2351.413	164.3603	135.1996
1996	2432.128	147.7500	156.2319
1997	2786.752	153.4555	128.9026
1998	2775.599	137.5875	144.3140
1999	2992.677	143.4399	123.8799
2000	3953.888	183.5030	150.0608
2001	4244.979	205.4765	156.6413
2002	5196.715	238.0046	191.8666
2003	7125.522	331.6707	256.0807
2004	8304.194	377.1783	277.7322
2005	10233.930	446.8723	353.0843
2006	12633.350	579.2107	448.0687
2007	16524.230	843.2383	650.4466
2008	19243.060	1119.6970	883.8594
2009	17486.100	921.8375	797.0053
2010	22528.340	1334.2930	1077.4100
2011	26354.240	1827.2070	1504.3250

资料来源：根据世界投入产出表（http：//www.wiod.org）计算得出。

① 因为世界投入产出表中没有我国省际的投入产出表，因而无法直接计算我国东部、中部、西部的增加值贸易额，只能根据我国总量的贸易额及其在东部、中部、西部间的区位分布间接计算得出。

根据表5－3中的数据，得到折线图5－3。对比图5－2和5－3，可以发现，传统贸易核算方式视角、增加值贸易核算视角下的东、中、西部地区的对外贸易规模的变动趋势相同。这可能源于样本期内我国的对外贸易结构虽然有变动，但变动幅度不大有关。

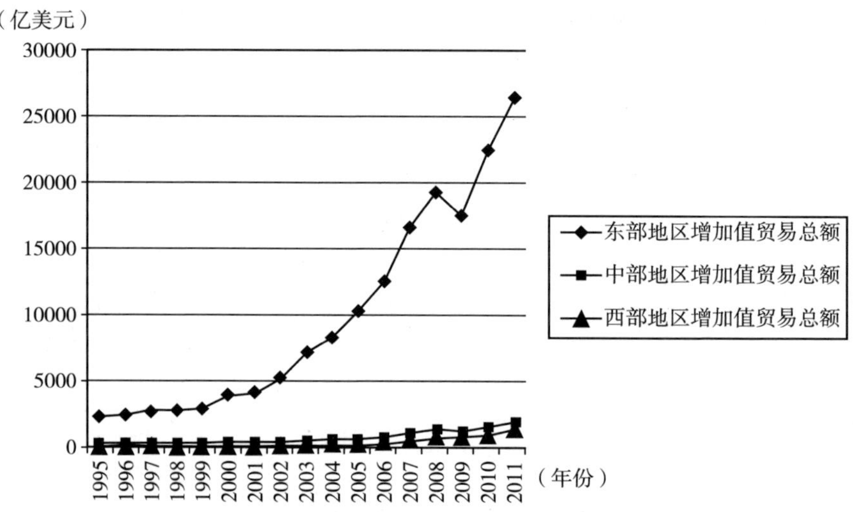

图5－3　我国东部、中部、西部地区增加值贸易总额

资料来源：根据世界投入产出表（http：//www. wiod. otg）计算得出。

第二节　我国东部、中部、西部收入差距现状

比较不同区域收入差距时，泰尔系数是一个比较常用的指标，因为泰尔指数既可以反映区域内收入差距，也可以反映区域间的收入差距状况。本部分将使用泰尔系数作为地区间收入差距指标，其具体计算公式为式（5－1）：

$$T = \frac{1}{N}\sum_{i=1}^{N}\log\frac{\bar{y}}{y_i} \tag{5-1}$$

在式（5－1）中，N 表示区域个数，y_i 代表第 i 个地区的人均收入水平，$\bar{y}$ 是平均收入水平。泰尔指数越大，表示区域间收入差距越大，收入不平等现象越严重。

表 5－4 是根据资料计算得到的泰尔指数，时间跨度为 1991～2011 年。

表 5－4　　　　我国东部、中部、西部区域的泰尔系数

年份	泰尔指数	年份	泰尔指数
1991	0. 060403	2002	0. 137399
1992	0. 059829	2003	0. 168314
1993	0. 073034	2004	0. 189511
1994	0. 047908	2005	0. 228493
1995	0. 048702	2006	0. 220860
1996	0. 054630	2007	0. 180516
1997	0. 089806	2008	0. 180516
1998	0. 108672	2009	0. 185099
1999	0. 122155	2010	0. 196413
2000	0. 118722	2011	0. 204971
2001	0. 119815		

资料来源：根据中华人民共和国国家统计局网站（http：//data. stats. gov. cn/）数据计算得到。

从表 5－4 可以看出，区域间的收入差距的变化呈现两个阶段的差异：

第一阶段，1991～2006 年，这个阶段的一个特征是，区域间收入差距虽然在某段时间有所下降，但总体是扩大的，且速度较快。

第二阶段，2007～2011 年，在此期间，经过短暂下降后又开始上升，但上升的速度与第一阶段相比，速度降了下来。

下面图 5－4 是根据表 5－4 描绘出来的折线图，更直观地说明了我国东部、中部、西部间收入差距的变动和趋势。

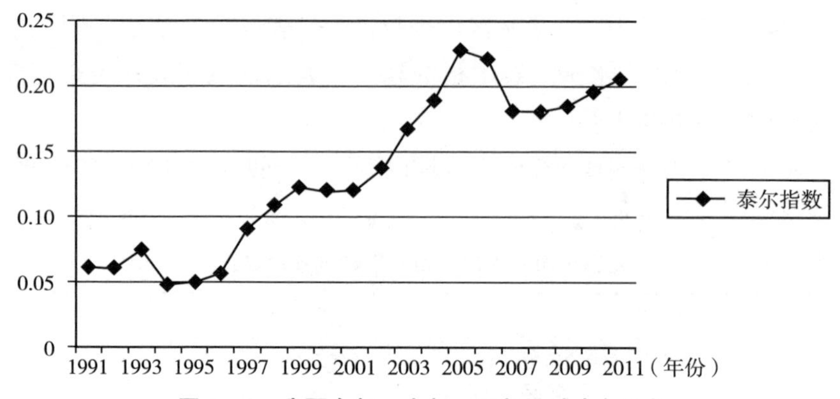

图 5-4　我国东部、中部、西部区域泰尔系数

资料来源：根据中华人民共和国国家统计局网站（http：//data. stats. gov. cn/）数据计算得到。

第三节　传统贸易核算下对外贸易影响我国区域间收入差距的实证分析

一、模型的构建

（一）变量的定义与数据来源①

1. 被解释变量 TH

由于本部分主要考察对外贸易对我国东部、中部、西部区域间收入差距的影响，因而本部分的被解释变量代表我国区域的泰尔系数，数据来源为 1992～2012 年的《中国统计年鉴》。

2. 解释变量

第一个解释变量是代表对外贸易水平高低的变量，用进出口总额占

① 本节的部分变量定义与计算方法与第四章第三节部分相同，但为了保持本章的独立性和完整性，重复进行了描述。

GDP的比（TRADEP）代表对外贸易水平，也就是常说的对外依存度；第二个解释变量是人力资本水平（HC），使用样本期内我国国民平均受教育年限作为替代指标，数据来源为《新中国六十年统计资料汇编》和1999～2014年《中国统计年鉴》相关数据计算得到；第三个解释变量为资本的效率（KEP），用历年GDP对固定资本存量的弹性代表，数据来源为1991～2015年《中国统计年鉴》；第四个解释变量为要素自由流动程度（FF），包括劳动的自由流动程度和资本的自由流动程度，对劳动的自由流动程度采用张辽（2013）的方法，对资本的自由流动程度采用王小鲁和樊纲（2004）的方法，分别计算出劳动和资本的流动性指数后再对二者加权平均，权数均为0.5，得到的数值即代表我国历年来的要素自由流动程度。表5－5总结了本部分实证分析的解释变量和被解释变量。

表5－5　　变量及描述

变量	变量类型	变量含义
TH	被解释变量	泰尔系数，代表我国东、中、西部的收入差距
TRADEP	解释变量	进出口总额占GDP的比，代表对外贸易水平
HC	解释变量	人力资本的效率，代表劳动者的效率
KEP	解释变量	GDP对固定资本存量的弹性，代表资本的技术水平
FF	解释变量	加权平均的资本和劳动流动程度，代表市场化程度，反映的是要素自由流动程度

在所有解释变量数据选择上，样本期间均是1991～2011年，采用样本数据仍然为我国31个省、自治区和直辖市的面板数据。

（二）描述性统计分析

表5－6中被解释变量和解释变量的均值、标准差、最大值和最小值，说明了各变量在样本期内的统计特征，同时也给出了样本观测数。

表 5－6　　变量的统计特征

变量	均值	标准差	最小值	最大值	观测值
TH	0.133132	0.061396	0.047908	0.228493	609
TRADEP	0.405500	0.100200	0.281100	0.629100	609
HC	7.989000	0.987200	4.909700	11.263000	609
KP	0.303400	0.040600	0.048700	0.816700	609
FF	0.033576	0.036798	0.000100	0.244200	609

（三）计量模型的设定

根据以上所确定的被解释变量和解释变量，将计量模型写成如式（5－2）所示：

$$TH_{it} = C_0 + \beta_{12} TRADEP_{it}^2 + \beta_1 TRADEP_{it} + \beta_2 HC_{it} + \beta_3 KP_{it} + \beta_4 FF_{it} + \varepsilon_{it} \quad (5-2)$$

在式（5－2）回归模型中，i 代表某省（自治区或直辖市），t 代表时间，为 1991～2014，ε_{it}是误差项。在上面模型中，β_1 是本书关注的核心参数，其值的正负能够反映对外贸易对我国收入差距的影响，其值的大小反映了对外贸易对我国区域间收入差距影响的程度。

二、实证结果、分析和讨论

用面板数据仍然判定是采用固定效应模型还是随机模型，还要判定变量间是否存在长期的稳定的因果关系。首先，确定是采用固定效应模型还是随机效应模型，因而首先需要进行 Hausman 检验。Hausman 检验结果显示，所设定的回归方程 p 值为 0，因而采用固定效应模型。其次，还需要对面板数据进行协整检验，检验的结果表明，无论组内统计量和组间统计量，大多数统计量均拒绝了“不存在协整关系”的原假设，说明变量间存在长期的稳定关系。利用统计软件 Eviews 软件对面板数据进行回归，可以得到回归结果。

表 5－7 的结果说明，伴随概率均小于 0.05，说明参数估计有效。调整后的拟合优度为 90.173%，说明拟合值与实际值误差比较小。通过 t 值，可以判断 5 个估计参数均在 95% 置信水平上显著，因而可以认为估计方程有效。

表 5－7　　传统贸易核算下的对外贸易与我国区域收入差距的回归结果

变量	系数	t 值	P 值
$TRADEP^2$	－9.074818	－2.310232	0.020430
TRADEP	7.465435	2.695194	0.010480
HC	－2.001500	－3.686450	0.008750
KEP	1.968900	2.487240	0.039883
FF	－2.396600	－3.097750	0.023353
R－squ	0.901730		

图 5－5 是根据回归方程画出的图，其中，横轴是进出口贸易额占 GDP 的比，纵轴是区域泰尔系数，其他的解释变量取均值。

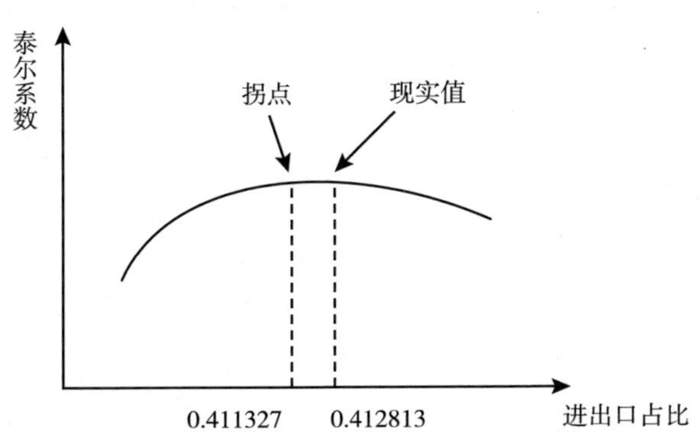

图 5－5　传统贸易核算下对外贸易与区域收入差距关系

从图 5－5 可以看出，如果以进出口总额占 GDP 的比作为对外贸易活动的规模，在现阶段，对外贸易与我国区域之间收入差距之间呈倒 U

形关系。这说明，开始时，对外贸易规模的扩大将恶化我国区域之间的收入差距，加大不平等状况，但随着对外贸易规模的扩大，达到一个拐点后，对外贸易规模的扩大将缩小我国区域之间的收入差距，改善居民不平等状况。通过求回归方程的极值，可得拐点为0.411327。观察我国2015年进出口占GDP的比为0.412813，已经在拐点的右侧。因而从趋势上看，在现阶段，对外贸易规模的扩大正在缩小我国区域之间的收入差距。

对于其他的三个解释变量，人力资本水平HC前面的系数为负，说明平均受教育年限对于缩小我国区域之间收入差距具有显著的效果；同样地，要素自由流动程度FF前面的系数为负，说明要素的自由流动会降低我国区域之间收入差距，而市场分割一定会造成收入差距的扩大；代表资本效率的资本产出弹性KEP前面系数为正，说明资本效率的提高却会扩大我国区域之间收入差距，提高收入不平等程度，这可能源于我国的投资主体在居民中的不均匀分布导致。

第四节　增加值贸易核算下对外贸易影响我国区域间收入差距的实证分析

一、模型构建

（一）变量的定义与数据来源

1. 被解释变量TH

本部分的被解释变量仍然为代表我国区域的泰尔系数，数据来源与第五章第三节第一部分相同。

2. 解释变量

在本部分，仍然将人力资本水平（HC）、资本的效率水平（KEP）、要素自由流动程度（FF）作为解释变量，这些变量的含义及计算方法与第五章第三节第一部分中相应变量完全相同。

不同的是，本部分最重要的一个解释变量 ADXP 是代表对外贸易水平高低的变量。因为计算增加值进出口需要使用国际投入产出表，从当前国际投入产出表数据库编制来看，正如第三章所指出的，世界投入产出表（World Input - Output Tables，WIOTs）在其网站上公布了 1995 ~ 2011 年 17 年间的世界投入产出表，因而样本期间选择在 1995 ~ 2011 年。因而，本部分将根据 WIOTs 公布的世界投入产出表，用增加值贸易核算方法计算增加值进出口总额。

在所有解释变量数据和被解释变量选择上，样本期间均是 1995 ~ 2011 年，之所以只选择 1995 ~ 2011 年，正如上面所提到的，主要是因为 WIOTs 仅公布了 1995 ~ 2011 年的世界投入产出表，并且，采用样本数据为 1995 ~ 2011 年的包含 35 个行业的面板数据。

表 5 - 8 总结了本部分实证分析的解释变量和被解释变量。

表 5 - 8　　　　变量及描述

变量	变量类型	变量含义
TH	被解释变量	泰尔系数，代表我国东、中、西部的收入差距
ADXP	解释变量	增加值出口总额占 GDP 的比，代表对外贸易水平
HC	解释变量	人力资本的效率，代表劳动者的效率
KEP	解释变量	GDP 对固定资本存量的弹性，代表资本的技术水平
FF	解释变量	加权平均的资本和劳动流动程度，代表市场化程度，反映的是要素自由流动程度

（二）描述性统计分析

根据数据，对解释变量和被解释变量进行描述性统计分析，统计特征如表 5 - 9 所示。

表 5 – 9　　变量统计特征

变量	均值	标准差	最小值	最大值	观测数
TH	0. 15027	0. 055261	0. 487020	0. 228493	493
ADXP	0. 37330	0. 058730	0. 282559	0. 463064	493
HC	7. 89700	0. 968300	4. 909700	11. 258000	493
KP	0. 30560	0. 040100	0. 048700	0. 816700	493
FF	0. 033576	0. 036798	0. 000100	0. 244200	493

从表 5 – 9 可以发现，利用增加值核算方法计算得到的增加值进出口总额占传统贸易核算方法得到的进出口总额的 70% ~91%，这主要源于在国际垂直专业化生产的背景下，进口产品被反复计算有关。

（三）计量模型的设定

根据以上解释变量和被解释变量的选择，计量模型设定为式（5 – 3）所示：

$$TH_{it} = C_0 + \beta_{12}ADXP_{it}^2 + \beta_1 ADXP_{it} + \beta_2 HC_{it} + \beta_3 KP_{it} + \beta_4 FF_{it} + \varepsilon_{it} \qquad (5-3)$$

在上面的回归模型中，i 代表某省（自治区、直辖市），t 代表时间，为 1995 ~2011 年，ε_{it}是误差项。在上面模型中，β_1 是本书关注的核心参数，其值的正负能够反映对外贸易对我国区域之间收入差距的影响，其值的大小反映了对外贸易对我国区域之间收入差距影响的程度。

二、实证结果、分析和讨论

采用固定效应模型，利用统计软件对面板数据进行回归，可以得到表 5 – 10 的回归结果。

表 5 -10　增加值贸易核算下的对外贸易与我国区域间收入差距的回归结果

变量	系数	t 值	P 值
$ADXP^2$	-40.0989	-2.0233380	0.0416400
ADXP	19.9897	2.0872780	0.039750
HC	-2.0015	-3.6864500	0.008750
KEP	1.9689	2.4872400	0.039883
FF	-2.3966	-3.0977500	0.023353
R - squ	0.939450		

表 5 -10 的结果说明，通过 t 检验，可以判断 5 个估计参数均在 95% 置信水平上显著。同时，伴随概率也都小于 0.05，说明参数全部估计有效。拟合优度也较高，因而可以认为估计方程有效。

从回归方程的形式看，使用增加值贸易核算方法得到的进出口贸易额占 GDP 比作为对外贸易规模，来考察其对我国区域之间收入差距的影响，也是呈倒 U 形关系，如图 5 -6 所示。

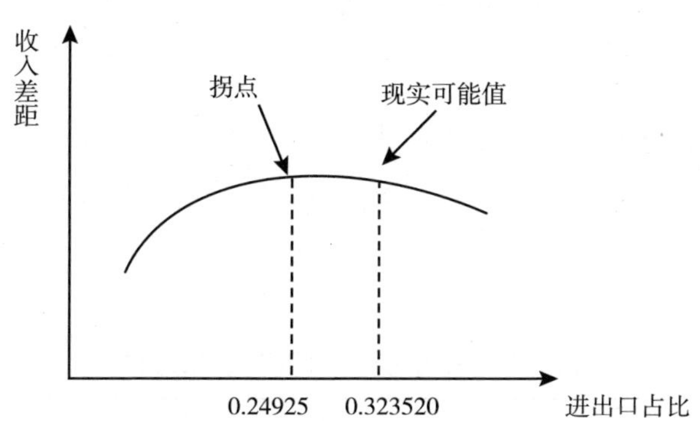

图 5 -6　增加值贸易核算下对外贸易与区域间收入差距关系

其经济学含义是，当对外贸易规模较小时，对外贸易规模的扩大将恶化我国区域之间的收入差距，恶化居民不平等状况；但随着对外贸易规模的扩大，达到一个拐点后，对外贸易规模的扩大将缩小我国区域之间的收入差距，改善居民不平等状况。根据回归方程，可以计算拐点值为0.24925，因为没有近几年的国际投入产出表，因而无法计算近几年的增加值核算方法下的进出口占比。如果假定增加值贸易进出口总额变动率与传统贸易核算下的进出口总额变动率相同，2015年的增加值贸易进出口占GDP的比为0.323520，在拐点的右侧，且距离拐点0.24925较远。这意味着，在当前情况下，进出口贸易额的提高已经对缩小我国区域之间的收入差距起着正向的积极作用。

对于其他的三个解释变量，人力资本水平HC前面的系数为负，说明平均受教育年限对于缩小我国区域之间的差距具有显著的效果；同样地，要素自由流动程度FF前面的系数为负，说明要素的自由流动会降低我国区域之间的收入差距，而市场分割一定会造成收入差距的扩大；代表资本效率的资本产出弹性KEP前面系数为正，说明资本效率的提高却会扩大我国区域之间的收入差距，提高收入不平等程度，这可能源于我国的投资主体在居民中的不均匀分布导致。

第五节　比较分析

表5-11给出了传统贸易核算方式下与增加值贸易核算方式下的回归结果，可以看出二者明显的不同拐点，以及我国对外贸易现状与拐点的相对位置。

表5-11　两种不同核算方式下的回归结果比较

角度 变量	传统贸易核算视角		增加值贸易核算视角	
	符号	大小	符号	大小
进出口额占比平方	-	-9.074818	-	-40.098900
进出口额占比	+	7.465435	+	19.989700
人力资本	-	-2.0015	-	-2.0015

续表

变量 \ 角度	传统贸易核算视角		增加值贸易核算视角	
	符号	大小	符号	大小
产出资本比	+	1.9689	+	1.9689
要素流动	−	−2.3966	−	−2.3966
拐点	0.411327		0.249250	
现实（可能）值	0.412813		0.323520	
现实（可能）值与拐点关系	右侧		右侧	

表5－11表明，无论从传统贸易核算方式视角，还是增加值贸易核算视角，对外贸易活动对于我国区域之间收入差距的影响都不是简单的线性关系，区分为两个不同阶段。

在对外贸易规模较小阶段，对外贸易活动倾向于恶化我国区域之间收入差距，但这种影响越来越弱，在达到一定的对外贸易规模后，对外贸易规模的扩大有助于改善我国区域之间收入不平等状况，对缩小我国区域之间收入差距有积极作用。从数值模拟上看，以传统贸易核算方式视角来看，现实的贸易额已经超越这个拐点，对外贸易规模的扩大对缩小区域之间差距正在起着积极作用。同时，从增加值贸易核算视角来看，这个拐点也已经到来，且距离拐点较远。因而，在增加值贸易视角看来，在其他条件下变的条件下，随着我国对外贸易活动的开展，我国区域之间的收入差距将进一步缩小。因而，无论从哪种贸易核算角度来看，都应该继续提高我国对外贸易水平。

第六节　小　　结

传统贸易核算方式视角、增加值贸易核算视角下的东部、中部、西部地区的对外贸易规模的差异很大，呈现出极大的不平衡性，对外贸易活动主要集中在东部地区。两种视角下的对外贸易规模变动趋势是相同的，这可能源于样本期内我国的对外贸易结构虽然有变动，但变动幅度不大有关。如果用泰尔系数代表我国东部、中部、西部地区的收入差距指标，从计算出来的数据来看，我国东部、中部、西部地区的收入差距近几年增长速度有所下降。

无论从传统贸易核算方式视角，还是增加值贸易核算视角，对外贸易活动对于我国区域间收入差距的影响都不是简单的线性关系，区分为两个不同阶段。在对外贸易规模较小阶段，对外贸易活动倾向于恶化我国区域之间收入差距，但这种影响越来越弱，在达到一定的对外贸易规模后，对外贸易规模的扩大有助于改善我国区域之间收入不平等状况，对缩小我国区域之间收入差距有积极作用。从数值模拟上看，以传统贸易核算方式视角来看，现实的贸易额已经超越这个拐点，对外贸易规模的扩大对缩小区域之间差距正在起着积极作用。同时，从增加值贸易核算视角来看，这个拐点也已经到来，且距离拐点较远。因而，在增加值贸易视角看来，在其他条件不变的条件下，随着我国对外贸易活动的开展，我国区域之间的收入差距将进一步缩小。因而，无论从哪种贸易核算角度来看，都应该继续提高我国对外贸易水平。

同时，实证结果表明，人力资本水平的提高有助于缩小我国区域之间收入差距。要素自由流动程度也对改善我国区域之间收入差距有积极作用，说明要素的自由流动会降低我国区域之间收入差距，而市场分割一定会造成收入差距的扩大。同时，资本效率的提高却会扩大我国区域之间收入差距，提高我国区域之间收入不平等程度。

第六章

对外贸易影响我国行业收入差距的实证分析

本章的主要内容是研究对外贸易对我国行业收入差距的影响，第一，在行业划分的基础上，描述我国各个行业的对外贸易现状，包括传统贸易核算方式下的行业对外贸易现状和增加值贸易核算方式下的行业贸易现状，并从直观上分析两种核算方式下对外贸易规模的差异；第二，描述了我国行业间收入差距现状，通过使用行业间收入极值比，分析其特征及变动趋势；第三，区分为传统贸易核算方式和增加值贸易核算方式两种情况，进行实证分析，并比较两种实证结果。第四，对本章的主要结论进行总结归纳，之后提出了简洁的政策建议。

第一节　行业的分类

行业一般是指生产同类产品或服务或者具有相同工艺过程的经济活动类别。在划分标准发展阶段上，一共经历了 4 个发展阶段：

第一阶段：1984 年我国首次发布实施国民经济行业分类的国家标准。

第二阶段：1994 年进行了第一次修订，形成《国民经济行业分类与代码》。

第三阶段：2002 年进行了第二次修订，形成了《国民经济行业分类与代码》。

第四阶段：2011 年进行了第三次修订，形成行业标准《国民经济行业分类与代码》（由国家统计局起草，国家质量监督检验检疫总局、国家标准化管理委员会批准发布，于 2011 年 11 月 1 日起实施）。此次划分将我国国民经济行业划分为四级，分为门类、大类、中类和小类四个层次。2011 年公布的行业分类尽管与国际标准产业分类有些差别，但总体上是一致的。

因为在增加值贸易核算中要用到世界投入产出表中的行业，因而为了与数据库中的行业对应，在行业选取上，与世界投入产出表中的 35 个行业一致。同时，为了减少篇幅，将 35 个行业中的 17 个服务业合并为一个服务业行业，这样，本部分研究共涉及 19 个行业。具体地，这 19 个行业包括：（1）农林牧渔业；（2）采掘业；（3）食品饮料烟草业；（4）纺织业；（5）皮革及制鞋业；（6）木材及其加工业；（7）纸浆纸张印刷出版业；（8）焦炭炼油及核材料业；（9）化学原料及制品制造业；（10）橡胶及塑料加工产业；（11）金属加工业；（12）非金属矿物加工业；（13）通用设备制造产业；（14）电子与光学设备制造业；（15）交通运输设备制造业；（16）其他制造及资源回收产业；（17）电力燃气水生产与供应业；（18）建筑业；（19）服务业。

第二节　我国行业的对外贸易现状

一、传统贸易核算方式下我国行业的对外贸易现状

为了展现不同行业对外贸易的特征，表 6 - 1 是上述所选取的 19 个行业、5 个年份的对外贸易规模，反映了传统贸易核算方式视角下的不同行业对外贸易的现状。

表 6－1　　传统贸易核算方式下我国不同行业对外贸易规模　单位：亿美元

行业	传统贸易核算方式下对外贸易总额				
	1995 年	2000 年	2005 年	2009 年	2011 年
农林牧渔业	307.22470	545.66950	1911.3320	2868.51800	4285.6990
采矿业	205.90590	353.94780	1241.5490	3449.00100	5348.9200
食品饮料烟草业	55.56191	89.96172	248.3097	351.67940	525.0474
纺织业	43.57797	66.36521	127.4221	169.48410	282.2130
皮革及制鞋业	32.68348	47.19303	104.5515	152.53570	242.8344
木材加工业	63.18805	146.00350	297.3182	495.74090	840.0758
纸浆纸张印刷出版业	132.91280	256.61210	787.4033	1097.40900	1607.9580
焦炭炼油及核材料业	189.56420	138.62950	369.1974	703.35890	918.8329
化学原料及制品制造业	186.29580	140.10430	280.9821	334.73100	485.6688
橡胶和塑料制品业	62.09860	97.33563	199.3012	258.46320	380.6594
其他非金属矿物品业	105.67660	148.95300	313.6544	343.20520	511.9212
基本金属制造业	83.88759	116.50780	264.6459	398.28760	603.8045
通用设备制造业	93.69263	109.13390	156.8272	186.43250	295.3392
电子与光学设备制造业	35.95182	50.14260	78.4136	97.45334	170.6404
交通运输设备制造业	76.26144	95.86085	160.0944	177.95830	262.5237
其他制造及回收业	42.48852	66.36521	133.9566	169.48410	275.6499
电力燃气水生产与供应业	825.80250	1929.01500	6978.8110	10122.44000	18035.3800
建筑业	64.27750	144.52870	124.1549	144.06150	242.8344
服务业	201.54810	200.57040	441.0765	555.06030	1102.6000

资料来源：中华人民共和国国家统计局网站（http：//data.stats.gov.cn/）。

从表 6－1 可以看出，从传统的贸易核算方式视角来看，在所有行业中，进出口规模排在第一位的是电力燃气水生产与供应业，排在第二位的是采矿业，农林牧渔业排在第三位，纸浆纸张印刷出版业排在第四位，这也说明我国的对外贸易结构仍然较低级。行业间的进出口贸易规模的大小及变化趋势，反映了行业间规模的变化，反映了生产要素在不同行业的集中程度，无论从要素市场角度，还是从技术进步角度，乃至要素积累角度，都必将会影响该行业投入要素的收入，从而导致该行业收入的变化，进而引起收入差距的变动。

图 6－1 是根据表 6－1 画出的柱形图，很直观地反映了每个行业对外贸易规模逐年的发展趋势，也反映了每个行业在所有行业所占的比重。

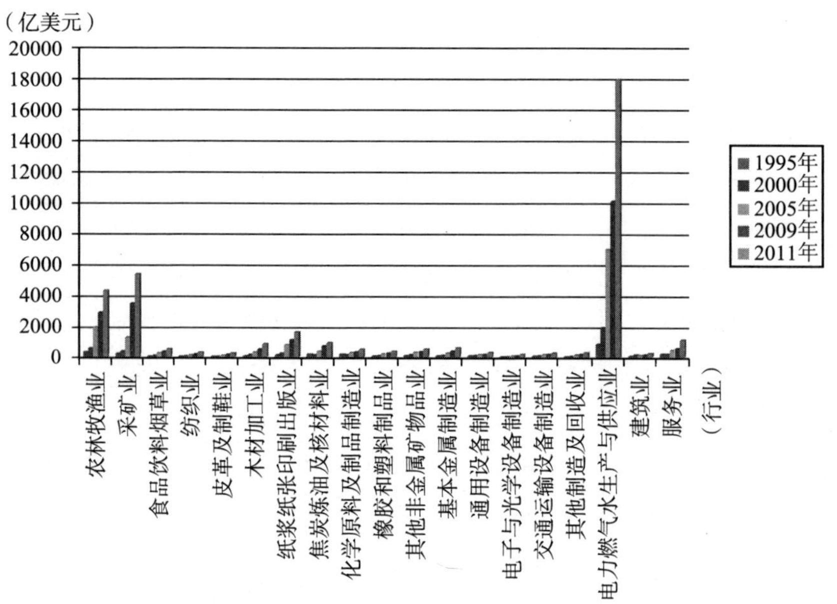

图 6－1　传统贸易核算方式下我国不同行业对外贸易柱形图

资料来源：中华人民共和国国家统计局网站（http：//data. stats. gov. cn/）。

二、增加值贸易核算下我国不同行业对外贸易现状

依赖于世界投入产出数据库，根据第三章增加值贸易核算方法计算得到了我国 19 个行业的增加值贸易规模，如表 6－2 所示。

表 6-2　增加值贸易核算方式下我国不同行业对外贸易规模　单位：亿美元

行业	增加值贸易核算方式下对外贸易总额				
	1995 年	2000 年	2005 年	2009 年	2011 年
农林牧渔业	272.63650	462.15490	1360.4207300	2347.28000	3326.9110
采矿业	182.72440	299.77610	883.6920960	2822.28300	4152.2700
食品饮料烟草业	49.30659	76.19310	176.7384190	287.77580	407.5848
纺织业	38.67184	56.20802	90.6947151	138.68710	219.0768
皮革及制鞋业	29.00388	39.97015	74.4161765	124.81840	188.5080
木材加工业	56.07417	123.65760	211.6210020	405.65990	652.1357
纸浆纸张印刷出版业	117.94910	217.33770	560.4468290	897.99920	1248.2280
焦炭炼油及核材料业	168.22250	117.41230	262.7821230	575.55160	713.2734
化学原料及制品制造业	165.32210	118.66140	199.9934740	273.90710	377.0159
橡胶和塑料制品业	55.10737	82.43843	141.8558360	211.49790	295.4990
其他非金属矿物品业	93.77921	126.15580	223.2485290	280.84150	397.3952
基本金属制造业	74.44329	98.67631	188.3659470	325.91480	468.7225
通用设备制造业	83.14445	92.43097	111.6242650	152.55590	229.2664
电子与光学设备制造业	31.90427	42.46828	55.8121324	79.74511	132.4651
交通运输设备制造业	67.67572	81.18937	113.9497700	145.62150	203.7924
其他制造及回收业	37.70504	56.20802	95.3457261	138.68710	213.9820
电力燃气水生产与供应业	732.83130	1633.78000	4967.2797800	8283.08900	14000.5400
建筑业	57.04096	122.40860	88.3692096	117.88410	188.5080
服务业	178.85730	169.87310	313.9432440	454.20040	855.9281

资料来源：根据世界投入产出表（http：//www.wiod.org）计算得到。

从表 6-2 可以看出，从增加值贸易核算方式视角来看，在所有行业中，进出口规模占比从高到低分别是电力燃气水生产与供应业、采矿业、农林牧渔业和纸浆纸张印刷出版业，这与传统贸易核算视角下的贸易模式相同，这意味着，从增加值贸易视角来看，我国的对外贸易结构仍然是较低级的。出现占比和趋势相同的情况，可能源于样本期间内我国的贸易结构没有发生太大的变化。正如上面所言，行业间的进出口贸易规模的大小及变化趋势，反映了行业间规模的变化，这必然传导到其所投入的生产要素市场，也会影响技术进步和扩散，还会影响要素的积累，进而影响该行业投入生产要素的收入，导致行业间收入的变化，引起收入差距的变动。

图6－2是在增加值贸易视角下我国不同行业对外贸易的规模情况，反映了各行业的占比情况和变动趋势。

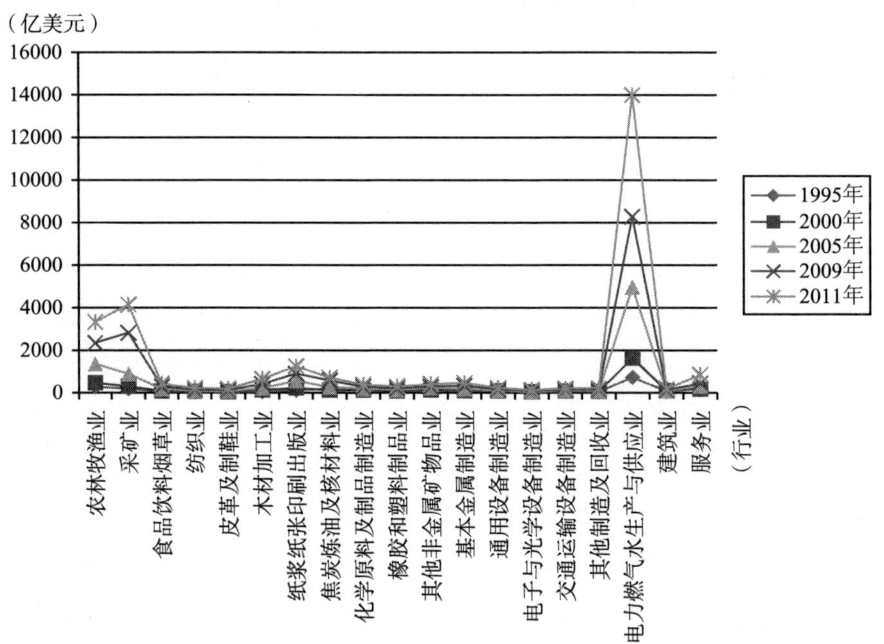

图6－2　增加值贸易核算方式下我国不同行业对外贸易情况

资料来源：根据世界投入产出表（http：//www.wiod.org）计算得到。

第三节　我国行业间收入差距现状

在比较不同行业收入差距时，极值比是一个比较常用的指标，本书将使用极值比作为行业间收入的差距指标。所谓极值比是用最高行业职工平均工资除以最低行业职工平均工资，公式为：

极值比 = 最高行业职工平均工资/最低行业职工平均工资

用极值比作为判断收入差距变动的指标，如果极值比越大，则表示行业间收入差距就越大；极值比越小，则表示行业间收入差距就越小。

表 6 – 3 是根据资料计算得到的各行业间极值比，时间跨度为 1978 ~ 2015 年。从表中数据可以看到，行业间的收入差距除去 20 世纪 80 年代中期到 90 年代初期比较小以外，行业间极值比均大于 2。21 世纪初的前 5 年更是急剧上升，在 2006 的极值比达到了最高，为 4. 68605，这说明最高行业职工平均工资是最低行业职工平均工资的 4. 68605 倍，可见行业间收入差距之大。

表 6 – 3　　　　我国行业间收入极值比

年份	极值比	年份	极值比
1978	2. 168367	1994	2. 380986
1979	2. 235154	1995	2. 226860
1980	2. 178947	1996	2. 176790
1981	2. 186192	1997	2. 188355
1982	2. 204545	1998	2. 348277
1983	2. 173228	1999	2. 492964
1984	2. 246599	2000	2. 627315
1985	1. 809524	2001	2. 863090
1986	1. 636735	2002	2. 990778
1987	1. 629493	2003	4. 488234
1988	1. 582031	2004	4. 461651
1989	1. 712023	2005	4. 727550
1990	1. 763790	2006	4. 686050
1991	1. 780872	2007	4. 397529
1992	1. 855580	2008	4. 371497
1993	2. 115573	2009	4. 207161

续表

年份	极值比	年份	极值比
2010	4. 196088	2013	4. 145609
2011	4. 166059	2014	4. 140111
2012	4. 155723	2015	4. 148203

资料来源：根据中华人民共和国国家统计局网站（http：//data. stats. gov. cn/）数据计算得到。

从表6－3可以看出，改革开放以来，行业间收入差距的变化呈现三个阶段的差异：

第一阶段，1978～1984年，这个阶段的一个特征是，虽然行业间存在明显的收入差距，但变化不大，相对来说比较稳定。

第二阶段，1985～2005年，在此期间，行业间收入差距虽然在某些小期间有所下降，但总体是扩大的，由1985年的1. 81倍扩大到2005年的4. 73倍。

第三阶段，2005年至今，在此期间，行业间收入差距在缩小，但下降速度较慢，仍然维持在4倍以上。

图6－3是根据表6－3描绘出来的折线图，更直观地说明了行业间收入差距的变动和趋势。

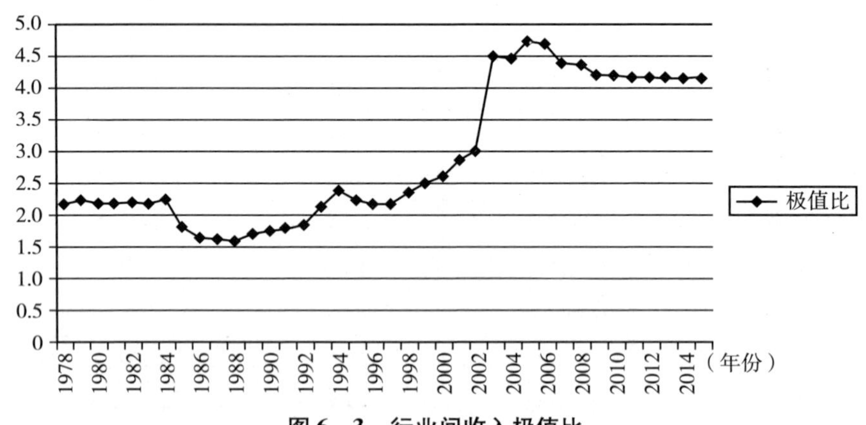

图6－3　行业间收入极值比

资料来源：根据中华人民共和国国家统计局网站（http：//data. stats. gov. cn/）计算得出。

第四节　实证分析

一、模型构建

（一）变量的定义与数据来源

根据现有理论，行业间收入差距可能源于行业间的资本效率差异，可能是不同行业的工人的不同生产率，还可能是要素流动的差异，加上本书所要分析的核心问题，即对外贸易可能是行业间收入差距的源泉，因而变量选取如下：

第一，被解释变量 EVR，代表行业间的收入差距，使用行业的极值比数据，极值比越大，则表示行业间收入差距就越大。

第二，解释变量。本书设计两个方程，两个方程中第一个解释变量不同。在第一个方程中，使用传统贸易核算方式下的 TRADEP，代表某行业的对外贸易水平，由某行业的进出口额除以该行业总产出得到；在第二个方程中，用增加值贸易核算方式下的 ADXP，代表某行业的对外贸易水平，由某行业的增加值进出口额除以该行业总产出得到。第二个解释变量是 HC，代表某行业的人力资本水平，与本章的其他部分相同。第三个解释变量为 KEP，代表某行业的资本效率，由各行业产出对固定资本存量的弹性表示。第四个解释变量为 FF，为要素自由流动程度，包括劳动的自由流动程度和资本的自由流动程度，对劳动的自由流动程度采用张辽（2013）的方法，对资本的自由流动程度采用王小鲁和樊纲（2004）的方法，分别计算出劳动和资本的流动性指数后再对二者加权平均，权数均为 0.5，得到的数值即代表我国历年来的要素自由流动程度。表 6 -4 总结了本部分实证分析的解释变量和被解释变量：

表 6 -4　　变量及描述

变量	变量类型	变量含义
EVR	被解释变量	行业间极值比，代表我国行业间收入差距
TRADEP	解释变量	行业的进出口总额占 GDP 的比，代表对外贸易水平
ADXP	解释变量	行业的增加值进出口总额占 GDP 的比，代表对外贸易水平
HC	解释变量	行业的人力资本的效率，代表行业劳动者的效率
KEP	解释变量	行业 GDP 对固定资本存量的弹性，代表资本的技术水平
FF	解释变量	行业的加权平均的资本和劳动流动程度，代表市场化程度，反映的是要素自由流动程度

表 6 -5 是解释变量和被解释变量的统计值，从中可以看出这些变量的部分统计特征。

表 6 -5　　变量的统计特征

变量	均值	标准差	最小值	最大值	观测数
EVR	2. 876360	1. 10259	1. 58203	4. 72760	323
TRADEP	0. 405500	0. 018300	0. 28110	0. 62910	323
ADXP	0. 234570	0. 042160	0. 18790	0. 27997	323
HC	7. 989000	0. 06870	4. 90970	11. 26300	323
KEP	0. 303400	0. 04060	0. 18670	0. 51670	323
FF	0. 033576	0. 09360	0. 03810	0. 24420	323

（三）计量模型的设定

根据以上所确定的被解释变量和解释变量，设立两个计量模型：

方程 1：

$$EVR_{it} = C_0 + \beta_{12} TRADEP_{it}^2 + \beta_1 TRADEP_{it} + \beta_2 HC_{it} + \beta_3 KP_{it} + \beta_4 FF_{it} + \varepsilon_{it}$$

方程 2：

$$EVR_{it} = C_0 + \beta_{12} ADXP_{it}^2 + \beta_1 ADXP_{it} + \beta_2 HC_{it} + \beta_3 KP_{it} + \beta_4 FF_{it} + \varepsilon_{it}$$

在上面回归模型中，i 代表某行业，t 代表时间，在第一个方程中为 1990～2015 年，在第二个方程中为 1995～2011 年，ε_{it}是误差项。

二、模型的实证结果与分析

采用固定效应模型，使用统计软件对面板数据进行回归，可以得到表 6－6 的回归结果。

表 6－6　　对外贸易与我国行业收入差距的回归结果

变量＼方程	方程 1 系数	方程 2 系数
$TRADEP^2$	－0.178940	
TRADEP	0.1641524	
$ADXP^2$		－0.59684
ADXP		0.4893897
HC	－0.138960	－0.138960
KEP	－0.145430	－0.145430
FF	－0.204430	－0.204430
拐点	0.458680	0.409984
现实（可能）值	0.412813	0.323520
现实（可能）值与拐点关系	左侧	左侧

由回归结果可知，无论是使用传统贸易核算方法得到的进出口贸易额占 GDP 比作为对外贸易规模，还是使用增加值贸易核算方法得到的进出口贸易额占 GDP 比作为对外贸易规模，对我国不同行业间的收入差距的影响，均是倒 U 形关系，如图 6－4、图 6－5 所示。

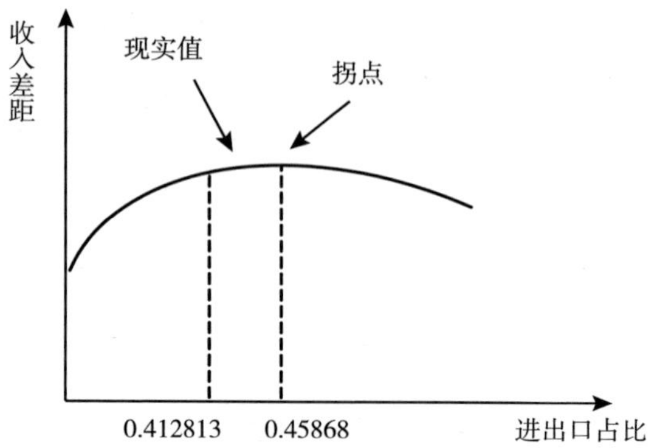

图 6-4　传统贸易下贸易与收入差距关系

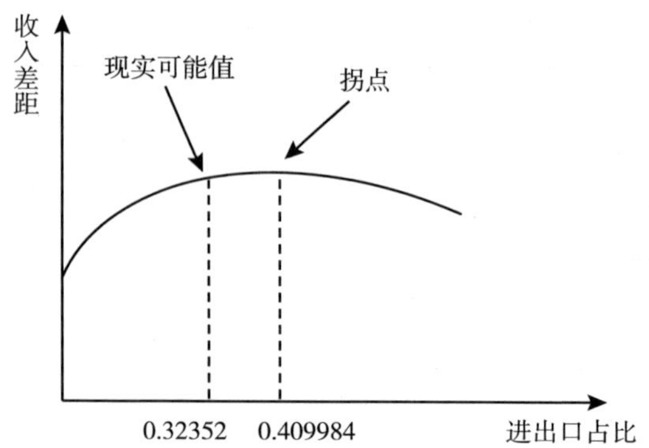

图 6-5　增加值贸易下贸易与收入差距关系

由表 6-6 的回归结果可以看出，无论从传统贸易核算方式视角，还是增加值贸易核算视角，对外贸易活动对于我国行业间收入差距的影响也都不是简单的线性关系，区分为两个不同阶段。在对外贸易规模较小阶段，对外贸易活动倾向于恶化我国行业间的不平等状况，扩大我国行业间收入差距。但这种影响越来越弱，在达到一定的对外贸易规模后，对外贸易规模的扩大有助于改善我国行业收入不平等状况，缩小我国行业之间的收入差距。

同时，从数值模拟上看，无论以传统贸易核算方式视角来看，还是从增加值贸易核算视角来看，这个拐点都还没有到来，以传统的贸易核算来看，2015 年的现实值与拐点值较近，但从增加值贸易核算方式角度来看，现实可能值距离拐点相对较远。因而，从增加值贸易核算方式视角来看，对外贸易规模还需要较长的时间的扩张，才能越过拐点，对收入差距的缩小起积极作用。之后，对外贸易活动的进一步扩大将有助于改善我国行业之间的收入不平等状况。因而，无论从哪种贸易核算角度来看，都应该继续提高我国对外贸易水平，以实现降低我国行业之间收入差距的目的。

对于其他的三个解释变量，人力资本水平 HC 前面的系数为负，说明平均受教育年限对于缩小我国居民收入差距具有显著的效果；同样地，要素自由流动程度 FF 前面的系数为负，说明要素的自由流动会降低我国整体的收入差距，而市场分割一定会造成收入差距的扩大；代表资本效率的资本产出弹性 KEP 前面系数为正，说明资本效率的提高却会扩大我国整体的收入差距，提高收入不平等程度，这可能源于我国的投资主体在居民中的不均匀分布导致。

第五节　小　　结

从发展现状进行直观考察可以发现，无论从传统贸易核算方式视角，还是从增加值贸易核算方式视角来看，在所有行业中，进出口规模占比从高到低分别是电力燃气水生产与供应业、采矿业、农林牧渔业和纸浆纸张印刷出版业，这意味着，两种视角下来看的我国的对外贸易结构仍然是较低级的。同时，两种核算视角下行业的占比和发展趋势也是大致相同的，这种情况的产生可能源于样本期间内我国的贸易结构没有发生太大的变化。此时，行业间的进出口贸易规模的大小及变化趋势，反映了行业间规模的变化，这必然传导到其所投入的生产要素市场，也会影响技术进步和扩散，还会影响要素的积累，进而影响该行业投入生产要素的收入，导致行业间收入的变化，引起收入差距的变动。

本部分的实证结果表明，无论从传统贸易核算方式视角，还是增加值贸易核算视角，对外贸易活动对于我国行业收入差距的影响是典型的倒U形关系。在对外贸易规模较小阶段，对外贸易活动倾向于恶化我国行业间收入不平等状况，扩大了我国行业间收入差距。但这种影响越来越弱，在达到一定的对外贸易规模后，对外贸易规模的扩大有助于改善我国行业间收入不平等的状况，缩小我国行业间收入差距。从数值模拟上看，无论以传统贸易核算方式视角来看，还是从增加值贸易核算视角来看，这个拐点都还没有到来。因而，我国应该进一步加大开放力度，保证对外贸易规模的持续扩大和加速，是最终缩小我国行业间收入差距的一个方向。

同时，本部分的实证结果还得出以下三个结论：

第一，平均受教育年限对于缩小我国行业间收入差距具有显著的效果，因而，政府应该加大教育、培训和公共卫生支出水平，不断地提高劳动者人力资本水平，以提高我国劳动者的整体生产效率。同时，也应该出台教育、培训和公共卫生资源分配均等化的政策，从整体上提高劳动者的人力资本水平。

第二，要素自由流动程度的提高会降低我国行业间的收入差距，这意味市场分割一定会造成收入差距的扩大。因而，建立统一的、开放的要素市场对于改善我国收入不平等的状况具有积极作用。对于劳动者自由流动来说，因医疗保障制度、户籍制度、养老保险制度等各种制度的二元制，劳动者不能实现在不同市场和区域中的自由流动。因此政府应该逐步取消户籍限制，允许劳动者个人各项社会保障账户在不同区域的自由流动，同时要打破垄断行业的门槛限制，采取相应政策措施促使垄断行业内就业机会向全社会公开。

第三，资本效率的提高将会扩大我国的行业间收入差距，究其原因，可能是与资本存量在我国不同群体之中分布不均匀相关，因为资本积累的主体往往是那些收入较高的群体。因此，高收入群体的资本积累一方面在资本数量上拥有绝对优势；另一方面，当资本效率提高时，又进一步扩大了资本要素所有者和其他要素所有者之间的收入差距。所以，政府应该建立完善的资本市场和不同行业的准入制度，真正地贯彻、实施投资的负面清单。这将能够使低收入阶层和中等收入阶层获得投资机会，使他们不仅依靠劳动获得收入，而且依靠自有资本获得收入，提高资本要素报酬在总收入中增量，进而缩小收入差距。

第七章

结论与政策建议

第一节　主要结论

以往关于对外贸易与收入差距的研究都是在传统核算方式下进行的，但在国际垂直专业化生产的背景下，应该使用增加值贸易核算方法得到的进出口额作为数据基础，研究对外贸易与收入差距之间的关系。本书以近年来兴起的增加值贸易核算方式为基础，考察了对外贸易与收入差距之间的关系，利用面板数据实证分析了我国对外贸易对我国收入差距的影响，分别研究了我国对外贸易对我国整体收入差距的影响、我国对外贸易对我国区域间收入差距的影响和我国对外贸易对我国行业收入差距的影响；为了比较，每种情况又区分为利用传统贸易核算数据、利用增加值贸易核算数据两种情况。本书的主要研究结论是:

第一，无论是使用传统贸易核算方法得到的进出口贸易额占 GDP 比作对外贸易规模，还是使用增加值贸易核算方法得到的进出口贸易额占 GDP 的比作为对外贸易规模，与我国居民整体收入差距的关系，对我国区域间收入差距的影响，对我国不同行业间的收入差距的影响，均是倒 U 形关系。这意味着，当对外贸易规模较小时，对外贸易规模的扩大将恶化我国居民整体的收入差距，恶化居民不平等状况，但随着对外贸易规模的扩大，达到一个拐点后，对外贸易规模的扩大将缩小我国居民整体的收入差距，改善居民不平等状况。

第二，对外贸易与我国整体收入差距之间关系的实证结果表明，无论是哪一种视角，我国对外贸易现实状况均在拐点的左侧。因而，当前对外贸易规模的提高还将进一步扩大我国整体的收入差距。

第三，对外贸易与我国东部、中部、西部区域间收入差距之间关系的实证结果表明，无论从传统贸易核算视角，还是从增加值贸易视角来看，我国对外贸易的现实已经超越拐点，因而对外贸易活动的扩大将有助于缓解我国东部、中部、西部区域之间的收入差距。

第四，对外贸易与我国行业收入差距之间关系的实证结果表明，无论以传统贸易核算方式视角来看，还是从增加值贸易核算视角来看，现实值和现实可能值均在拐点左侧，还没有超越拐点。因此，当前对外贸易规模的提高还将进一步扩大我国整体的收入差距。但是应该继续扩大我国对外贸易的规模，尽早使贸易规模超越拐点，以改善我国行业之间的收入不平等状况。

第五，平均受教育年限对于缩小我国居民收入差距具有显著的效果，这说明通过对劳动者的教育、培训，提高了劳动者的生产率水平，提高了劳动者的工资性收入，进而能够缩小我国的收入差距。因此，政府应该加大教育、培训和公共卫生支出水平，不断地提高劳动者人力资本水平。同时，政府应该保证教育资源均等化，避免教育资源过度集中在发达的地区和城市中。

第六，要素自由流动程度的提高会降低我国整体的收入差距，这意味市场分割一定会造成收入差距的扩大，因此，建立统一的、开放的要素市场对于改善我国收入不平等状况具有积极作用。

第七，资本效率的提高将会扩大我国的收入差距。究其原因，可能是与资本存量在我国不同群体之中分布不均匀相关，因为资本积累的主体往往是那些收入较高的群体。高收入群体的资本积累一方面在资本数量上拥有绝对优势；另一方面，当资本效率提高时，又进一步扩大了资本要素所有者和其他要素所有者之间的收入差距。因此，需要建立完善的资本市场和不同行业的准入制度，这将使低收入阶层和中等收入阶层有机会、有能力获得资本收益，进而对缩小收入差距具有正向作用。

第二节 政策建议

根据本书的实证结果，提出以下政策建议：

第一，截至目前，我国已经成为世界上出口最多的国家，进口也居于世界第二位，虽然提高我国的贸易结构是当前的一个主要方向，但是，进一步提高对外贸易的规模也同样重要，因为提高对外贸易规模对于缩小我国收入差距在长期具有积极作用。因此，政府不仅要出台激励贸易结构升级的政策，还要继续出台鼓励扩张外贸易规模的政策。

第二，现实中我国的产业结构应该与对外贸易结构相匹配，产业结构的优化应该是市场自然发展的结果，不能一味地为了优化产业结构而忽视其对我国收入差距的影响。从经济学的理论逻辑看，更优化的产业结构是与更高的人力资本水平相对应的，如果我国的产业结构进行人为的优化，但平均人力资本却没有提高，一方面优化的产业结构不可能持续发展，另一方面无法起到改善我国收入差距状况。

第三，政府应该加大教育、培训和公共卫生支出水平，不断地提高劳动者人力资本水平，以提高我国劳动者的整体生产效率；同时，也应该出台教育、培训和公共卫生资源分配均等化的政策，从整体上提高劳动者的人力资本水平。

第四，建立统一的、开放的要素市场对于改善我国收入不平等状况具有积极作用。对于劳动者自由流动来说，由于医疗保障制度、户籍制度、养老保险制度等各种制度的不统一，劳动者不能实现在不同市场和区域中的自由流动。因而政府应该逐步取消户籍限制，允许劳动者个人各项社会保障账户在不同区域的自由流动，同时要打破垄断行业的门槛限制，采取相应政策措施促使垄断行业内就业机会向全社会公开。

第五，政府应该建立完善的资本市场和不同行业的准入制度，实施投资的负面清单。这将能够使低收入阶层和中等收入阶层获得投资机会，使他们不仅依靠劳动获得收入，还能依靠自有资本获得收入，提高资本要素报酬在总收入中增量，进而缩小收入差距。

参考文献

[1] 包群、许和连、赖明勇:《贸易开放度与经济增长:理论及中国的经验研究》,载于《世界经济》2003 年第 3 期,第 10 - 18 页。

[2] 包群:《贸易开放与经济增长:只是线性关系吗》,载于《世界经济》2008 年第 9 期,第 3 - 17 页。

[3] 蔡宏波、周成华、蒙英华:《服务进口与工资差距——基于中国服务业企业数据的实证检验》,载于《国际贸易问题》2014 年第 11 期,第 144 - 153 页。

[4] 陈斌开:《收入分配与中国居民消费:理论和基于中国的实证研究》,载于《南开经济研究》2012 年第 1 期,第 33 - 49 页。

[5] 陈昊:《出口贸易的就业学历偏向效应——基于中国家庭收入调查的实证研究》,载于《当代财经》2016 年第 2 期,第 103 - 113 页。

[6] 陈雯、李强:《增加值出口的能源消耗和污染气体排放——新贸易核算方法下的中美对比》,载于《吉林大学社会科学学报》2015 年第 1 期,第 74 - 82,173 页。

[7] 陈雯、李强:《全球价值链分工下我国出口规模的透视分析——基于增加值贸易核算方法》,载于《财贸经济》2002 年第 7 期,第 107 - 115 页。

[8] 陈怡:《国际贸易对我国行业间收入分配的影响——基于制造业面板数据的实证分析》,载于《国际贸易问题》2009 年第 4 期,第 3 - 10 页。

[9] 贵斌威、陈启清:《技术偏向与中国劳动收入份额的再考察》,载于《经济研究》2013 年第 6 期,第 113 - 126 页。

[10] 程大中、程卓:《中国出口贸易中的服务含量分析》,载于《统计研究》2015年第3期,第46-53页。

[11] 戴枫:《贸易自由化与收入不平等——基于中国的经验研究》,载于《世界经济研究》2005年第10期,第39-46页。

[12] 单希彦:《中间产品进口与工资差距——以进口关税为工具变量的实证分析》,载于《国际贸易问题》2014年第10期,第155-165页。

[13] 邓军:《所见非所得:增加值贸易统计下的中国对外贸易特征》,载于《世界经济研究》2014年第1期,第35-40,88页。

[14] 邓军:《中国出口中增加值的来源地和目的地——基于增加值贸易的视角》,载于《浙江社会科学》2014年第8期,第18-31,155页。

[15] 丁任重、陈志舟、顾文军:《我国居民收入差距的演变与解析》,载于《宏观经济研究》2003年第11期,第38-41页。

[16] 樊茂清、黄薇:《基于全球价值链分解的中国贸易产业结构演进研究》,载于《世界经济》,2014年第2期,第50-70页。

[17] 高敏雪、葛金梅:《出口贸易增加值测算的微观基础》,载于《统计研究》2013年第10期,第8-15页。

[18] 郭克莎:《外商直接投资对我国产业结构的影响研究》,载于《管理世界》2000年第2期,第34-45页。

[19] 何璋、覃东海:《开放程度与收入分配不平等问题——以中国为例》,载于《世界经济研究》2003年第2期,第38-43页。

[20] 胡兵、张明:《城市化、贸易开放与地区经济差距变动》,载于《财经问题研究》2010年第5期,第17-22页。

[21] 胡超:《对外贸易与收入不平等——基于我国的经验研究》,载于《国际贸易问题》2008年第3期,第22-27页。

[22] 黄玖立、李坤望:《出口开放、地区市场规模和经济增长》,载于《经济研究》2006年第6期,第27-38页。

[23] 黄玖立:《对外贸易、地理优势与中国的地区差异》,中国经

济出版社 2009 年版。

[24] 黄玖立：《对外贸易和地区差异：一个两国三地区模型》，载于《经济发展论坛工作论文》2006，No. FC20060125。

[25] 贾怀勤：《增加值引入贸易核算的概念辨识》，载于《经济统计学（季刊）》2014 年第 2 期，第 37 – 41 页。

[26] 江希、刘似臣：《中国制造业出口增加值及影响因素的实证研究——以中美贸易为例》，载于《国际贸易问题》2014 年第 11 期，第 89 – 98 页。

[27] 康振宇、陈海啸：《中国出口贸易的增加值》，载于《中国物价》2014 年第 12 期，第 18 – 21 页。

[28] 兰宜生：《对外开放度与地区经济增长的实证分析》，载于《统计研究》2002 年第 2 期，第 19 – 22 页。

[29] 黎峰：《全球生产网络下的贸易收益及核算——基于中国的实证》，载于《国际贸易问题》2014 年第 6 期，第 14 – 22 页。

[30] 李斌、陈开军：《对外贸易与地区经济差距变动》，载于《世界经济》2007 年第 5 期，第 25 – 32 页。

[31] 李汉君：《对外贸易与收入差距——基于我国省际面板数据的实证分析》，载于《国际贸易问题》2010 年第 5 期，第 25 – 28 页。

[32] 李坤望、冯冰：《对外贸易与劳动收入占比：基于省际工业面板数据的研究》，载于《国际贸易问题》2012 年第 1 期，第 26 – 37 页。

[33] 李小平、朱钟棣：《国际贸易的技术溢出门槛效应——基于中国各地区面板数据分析》，载于《统计研究》2004 年第 10 期，第 27 – 32 页。

[34] 李昕、徐滇庆：《中国外贸依存度和失衡度的重新估算——全球生产链中的增加值贸易》，载于《中国社会科学》2013 年第 1 期，第 29 – 55，205 页。

[35] 李昕：《贸易总额与贸易差额的增加值统计研究》，载于《统计研究》2012 年第 10 期，第 15 – 22 页。

[36] 林玲、余娟娟：《中国制造业出口贸易利益的测算及影响因

素研究》，载于《当代经济科学》2012 年第 9 期，第 81 - 89 页。

[37] 刘力：《对外贸易、收入分配与区域差距——对中国区域经济差距的贸易成因分析》，载于《南开经济研究》2005 年第 4 期，第 58 - 62 页。

[38] 刘丽萍：《全球价值链与贸易增加值的核算》，载于《国际经济评论》2013 年第 4 期，第 110 - 115，7 页。

[39] 刘遵义、陈锡康、杨翠红等：《非竞争型投入占用产出模型及其应用——中美贸易顺差透视》，载于《中国社会科学》2007 年第 5 期，第 91 - 103，206 - 207 页。

[40] 鲁晓东：《收入分配、有效要素禀赋与贸易开放度——基于中国省际面板数据的研究》，载于《数量经济技术经济研究》2007 年第 8 期，第 53 - 64 页。

[41] 鲁晓东：《我国对外开放与收入差距：基于地区和行业的考察》，载于《世界经济研究》2007 年第 8 期，第 3 - 10 页。

[42] 吕婕、向龙斌、杨先厚：《全球生产网络下中美贸易利益分配影响因素分析》，载于《中国地质大学学报》（社会科学版）2013 年第 1 期，第 103 - 107 页。

[43] 马涛、刘仕国：《全球价值链下的增加值贸易核算及其影响》，载于《国际经济评论》2013 年第 4 期，第 97 - 109 页。

[44] 潘文卿、李跟强：《垂直专业化、贸易增加值与增加值贸易核算——全球价值链背景下基于国家间投入产出模型方法综述》，载于《经济学报》2014 年第 4 期，第 188 - 207 页。

[45] 平新乔：《产业内贸易理论与中美贸易关系》，载于《国际经济评论》2005 年第 5 期，第 12 - 14 页。

[46] 沈坤荣、马俊：《中国经济增长的"俱乐部收敛"特征及其成因研究》，载于《经济研究》2002 年第 1 期，第 33 - 39 页。

[47] 苏庆义、薛蕊、张焕波：《增加值贸易核算及其对均衡汇率评估的影响》，载于《当代经济管理》2014 年第 9 期，第 37 - 41 页。

[48] 唐东波：《贸易政策与产业发展：基于全球价值链视角的分

析》，载于《管理世界》2012 年第 12 期，第 13 – 22 页。

［49］万广华、陆铭、陈钊：《全球化与地区间收入差距：来自中国的证据》，载于《中国社会科学》2005 年第 3 期，第 17 – 26 页。

［50］王少瑾：《对外开放与我国的收入不平等——基于面板数据的实证研究》，载于《世界经济研究》2007 年第 4 期，第 16 – 20 页。

［51］王小鲁、樊纲：《中国地区差距的变动趋势和影响因素》，载于《经济研究》2004 年第 1 期，第 33 – 44 页。

［52］王昭、杨京德：《拉米呼吁用“贸易增加值”衡量全球贸易》，载于《经济参考报》2011 年 6 月 8 日第 004 版。

［53］魏尚进：《全球化对中国的穷人有好处吗》，载于《金融与发展》2002 年第 3 期，第 26 – 29 页。

［54］谢永琴、钟少颖：《产业聚集与中国区域经济发展差异——基于新经济地理学视角》，载于《工业技术经济》2010 年第 5 期，第 133 – 138 页。

［55］徐清军：《贸易增加值统计方法改革研究》，载于《国际贸易》2013 年第 5 期，第 25 – 28 页。

［56］徐水安：《贸易自由化与中国收入分配的演变》，载于《世界经济文汇》2003 年第 4 期，第 44 – 54 页。

［57］许斌：《漫谈国际贸易学研究在美国》，载于《经济学家茶座》2003 年第 1 期，第 72 – 76 页。

［58］杨汝岱、姚洋：《有限赶超与经济增长》，载于《经济研究》2008 年第 8 期，第 29 – 41，64 页。

［59］杨耀武、杨澄宇：《中国基尼系数是否真地下降了？——基于微观数据的基尼系数区间估计》，载于《经济研究》2015 年第 3 期，第 75 – 86 页。

［60］俞会新：《中国贸易自由化对工业就业的影响》，载于《世界经济》2002 年第 10 期，第 10 – 13 页。

［61］袁冬梅等：《对外开放、贸易商品结构与中国城乡收入差距——基于省际面板数据的实证分析》，载于《中国软科学》2011 年第 6 期，

第 47－56 页。

［62］张磊、徐琳：《全球价值链分工下国际贸易统计研究》，载于《世界经济研究》2013 年第 2 期，第 48－53 页。

［63］张辽：《要素流动、产业转移与经济增长——基于省区面板数据的实证研究》，载于《当代经济科学》2013 年第 5 期，第 96－128 页。

［64］张茜倩：《贸易开放条件下中国收入差距研究》，武汉大学 2012 年博士学位论文。

［65］张向晨、徐清军：《国内外贸易增加值问题研究的进展》，载于《国际经济评论》2013 年第 4 期，第 128－138 页。

［66］赵春明、李宏兵：《出口开放、高等教育扩展与学历工资差距》，载于《世界经济》2014 年第 5 期，第 3－27 页。

［67］赵伟：《中国区域经济开放：模式与趋势》，经济科学出版社 2005 版。

［68］赵晓霞、李金昌：《对外贸易、FDI 与城乡居民收入及差距——基于省际面板数据的协整研究》，载于《中国人口科学》2009 年第 2 期，第 55－65 页。

［69］赵莹：《中国的对外开放和收入差距》，载于《世界经济文汇》2003 年第 4 期，第 55－70 页。

［70］赵玉焕、常润岭：《全球价值链和增加值视角下国际贸易统计方法研究》，载于《国际贸易》2012 年第 2 期，第 25－27 页。

［71］郑猛、杨先明、李波：《有偏技术进步、要素替代与中国制造业成本——基于 30 个行业面板数据的研究》，载于《当代财经》2015 年第 2 期，第 85－96 页。

［72］郑丹青、于津平：《中国出口贸易增加值的微观核算及影响因素研究》，载于《国际贸易问题》2014 年第 8 期，第 3－13 页。

［73］祝坤福、陈锡康、杨翠红：《中国出口的国内增加值及其影响因素分析》，载于《国际经济评论》2013 年第 4 期，第 116－127 页。

［74］Acemoglu D. Patterns of Skill Premia ［J］. Review of Economic Studies，2003（70）：199－230.

[75] Anderson E. Openness and Inequality in Developing Countries: A Review of Theory and Recent Evidence [J]. World Development, 2005 (33): 1045 -1063.

[76] Artuc E., Chaudhuri S. & McLaren J. Trade Shocks and Labor Adjustment: A Structural Empirical Approach [J]. American Economic Review, 2010 (100): 1008 -1045.

[77] Aziz J. & Cui L. Explaining China's Low Consumption: the Neglected Role of Household Income [R]. IMF Working Papers, No. 07/181, 2007.

[78] Barro R. J. Inequality and Growth in a Panel of Countries [J]. Journal of Economic Growth, 2000 (5): 5 -32.

[79] Bernard A. B. & Jensen, J. B. Exceptional Exporter Performance: Cause, Effet or both? [J]. Journal of International Economics, 1997, 47 (1): 1 -25.

[80] Bertrand M. From the Invisible Handshake to the Invisible Hand? How Import Competition Changes the Employment Relationship [J]. Journal of Labor Economics, 2004 (22): 723 -765.

[81] Blanchard E. J. & Willmann G. Political Stasisor Protectionist Rut? Policy Mechanisms for Trade Reform in a Demcracy [R]. CESifo Working Paper, 2007, No. 2070.

[82] Bosetti V, Carraro C, Massetti E, et al. International Energy R&D Spillovers and the Economics of Greenhouse Gas Atmospheric Stabilization [J]. Energy Economics, 2008, 30 (6): 2912 -2929.

[83] Bourguignon F & Morrisson C. Inequality among world citizens, 1820 -1992 [J]. American Economic Review, 2002, 92 (4): 304.

[84] Calderon C. & Chong A. External Sector and Income Inequality in Interdependent Economies Using a Dynamic Panel Approach [J]. Economics Letters, 2001 (71): 225 -231.

[85] Carl D., Martin L. & Matusz S. Trade and search generated unem-

ployment [J]. Journal of International Economics, 1999 (48): 271 -299.

[86] Chakrabarti A. Does Trade Cause Inequality? [J]. Journal of Economic Development, 2000 (25): 1 -21.

[87] Dalgin J. , Trindade V. & Mitra D. Inequality, nonhomothetic Preferences and Trade: A Gravity Approach [J]. Southern Economic Journal, 2004, 74 (10800): 747 -774.

[88] Daudin G. , Riart C. & Schweisguth D. Who Produces for Whom in the World Economy? [R]. OFCE Working Paper. No. 2009 -2018.

[89] Davidson C. , Martin L. & Matusz S. Trade and search generated Unemployment [J]. Journal of International Economic, 1999, 48 (2): 271 -299.

[90] Dinopoulos E. , Syropoulos C. & Xu B. Intra-Industry Trade and Wage Income Inequality [R] mimeo, University of Florida, 2001.

[91] Dixit A. K. & Stiglitz J. E. Monopolistic Competition and Optimum Product Diversity [J]. The American Economic Review, 1977 (67): 297 -308.

[92] Edwards S. Trade Policy, Growth and Income Distribution [J]. The American Economic Review, 1997 (87): 205 -210.

[93] Egger H. & Kreickemeier U. Firm Heterogeneity and Labor Market Effects of Trade Liberation [J]. International Economic Review, 2009, 50 (1): 187 -216.

[94] Ekholm K. & Midelfart K. H. Relative wages and trade-induced changes in technology [J]. European Economic Review, 2005 (49): 1637 -1663.

[95] Ethier W. J. National and International Returns to Scale in the Modern Theory of International Trade [J]. The American Economic Review, 1982 (72): 389 -405.

[96] Fajgelbaum P. D. , Grossman G. M & Helpman E. Income Distribution, Product Quality, and International Trade. [R]. NBER Working Pa-

per, 2009, NO. 15329.

[97] Feenstra R. C. & Hanson G. H. Foreign Investment, Outsourcing and Relative Wages [R]. NBER Working Paper, 1995, NO. 5121.

[98] Feestra R., Wen H., Tye W. W. & Sjimo, Y. The U. S – China Bilateral Trade Balance: Its Size and Determinants [J]. American Economic Review, 1996 (5): 338 – 343.

[99] Ferrett B. & Zikos V. Wage – Setting Institutions and R&D Collaboration Networks [J]. Australian Economic Papers, 2013, 52 (2): 61 – 78.

[100] Fisher J. R. Trade, War and Revolution: Exports from Spain to Spainish America, 1797 – 1820 [R]. Institute of Latin American Studies, University of Liverpool, 1992.

[101] Fujita M. & Hu D. P. Regional disparity in China 1985 – 1994: The Effects of Globalization and Economic Liberalization [J]. The Annals of Regional Science, 2001 (35): 3 – 37.

[102] Gaston N. & Trefler D. Union Wage Sensitivity to Trade and Protection: Theory and Evidence [J]. Journal of International Economics, 1995 (39): 1 – 25.

[103] Glazer A. & Ranjan P. Preference heterogeneity, Wage Inequality, and Trade [J]. Journal of International Economics, 2003 (60): 455 – 469.

[104] Gourdon J. Openness and Inequality in Developing Countries: A New Look at the Evidence [R]. MPRA Paper, 2007, No. 4176.

[105] Green F. & Dickerson A. A Picture of Wage Inequality and the Allocation of Labor Though a period of Trade Liberation: The Case of Brazil [J]. World Development, 2001, 29 (11): 1923 – 1939.

[106] Griffith R., Redding S. & Reenen J. V. Mapping the two faces of R&D: Productivity Growth in a panel of OECD Industries [J]. Review of Economics & Statistics, 2000, 86 (4): 883 – 895.

[107] Grossman G. M. , & Rossi – Hansberg E. Trading Tasks: A Simple Theory of Offshoring [J]. American Economic Review, 2008 (98): 1978 – 1997.

[108] Guillermo P. & Marcelo O. Trade Liberation Inequality and Poverty Reduction in Latin America [J]. San Petersburg, 2006 (3).

[109] Helpman E. , Itskhoki D. , Muendler M. & Redding S. Trade and Inequality: from Theory to Estimation [R]. CEP Discussion Paper, 2012, No. 1138.

[110] Helpman E. , Itskhoki D. & Redding S. Inequality and Unemployment in a Global Economy [J]. Econometrica, 2010 (4): 1239 – 1283.

[111] Helpman E. Trade, FDI and the Organization of Firm [J]. Journal of Economic Literature, 44 (3): 589 – 630.

[112] Hu D. P. Trade, Rural-urban Migaration, and Regional Income Disparity in Developing Countries: A Spatial General Equilibrium Model Inspired by the Case of China [J]. Regional Science and Urban Economics, 2002 (32): 311 – 338.

[113] Hummels D. , Ishii J. & Yi K. The Nature and Growth of Vertical Specialization in World Trade [J]. Journal of national Economics, 2001 (54): 75 – 96.

[114] Ishii J. & Yi K. M. The Growth of World Trade [R]. USA: Federal Reserve Bank of New York, 1997.

[115] Jian T. L. , Sachs J. D. & Warner A. M. Trends in Regional Inequality China [R]. NBER, Working Paper, 1996, No. 5412.

[116] Kanbur R. & Zhang X. Which regional inequality? The evolution of Rural-urban and Inland-coastal Inequality in China from 1983 to 1995 [J]. Journal of Comparative Economics, 1999 (27): 686 – 701.

[117] Kanbur R. & Zhang X. Fifty years of Regional Inequality in China: A Journey through Revolution, Reform and Openness [J]. Review of

Development Economics, 2005, 9 (1): 87 - 106.

[118] Kanbur R., Venables A. & Wan G. H. Introduction to a Special Issue: Spatial Inequality and Development in Asia [J]. Review of Development Economics: 2005 (9): 1 - 5.

[119] Karabay B & McLaren J. Trade, Offshoring, and the Invisible Hand-shake [J]. Journal of International Economics, 2010 (82): 26 - 34.

[120] Kinoshita Y. R&D and Technology spillovers via FID: Innovation and Absorptive Capacity [J]. Ssrn Electronic Journal, 2000 (349).

[121] Koopman, et al. Give Credit Where Credit Is Due: Tracing Value Added in Global Production Chains [R]. NBER Working Paper, 2010, No. 16426.

[122] Krishna P. & Sethupathy G. Trade and Inequality in India [R]. NBER Working Paper, 2001, No. 17257.

[123] Krugman P. R. & Elizondo R. L. Trade Policy and the Third World Metropolis [J]. Journal of Development Economics, 1996 (49): 137 - 150.

[124] Krugman P. R. A Model of Innovation, Technology Transfer, and the World Distribution of Income [J]. Journal of Political Economy, 1979 (87): 253 - 266.

[125] Krugman P. R. Returns and Economic Geography [J]. Journal of Political Economy, 1991 (99): 483 - 499.

[126] Krugman P. R. Technology, Trade and Factor Prices [J]. Journal of International Economics, 2000 (50): 51 - 71.

[127] Kuznets S. Economic growth and income inequality [J]. American Economic Review, 1945 (45): 1 - 28.

[128] Leimbach M. & Baumstark L. The Impact of Capital Trade and Technological Spillovers on Climate Poli-cies [J]. Ecological Economics, 2010, 69 (12): 2341 - 2355.

[129] Litwin C. Income Distribution Developing Countries [M]. Work-

ing Papers in Economics, 1998, No. 9.

[130] Liu R. & Trefler D. Much Ado about Nothing: American Jobs and the Rise of Service Outsourcing to China and India [R]. NBER Working Paper, 2008, NO. 14061.

[131] Lucas R. J. On the Mechanics of Economic Development [J]. Journal of Monerary Economics, 1988, 22 (1): 3 -42.

[132] Lundberg M. & Squire L. The Simultaneous Evolution of Growth and Inequality [R]. mimeo World Bank. 1999.

[133] Matusz S. J. The Heckscher - Ohlin - Samuelson Model with Implicit Contracts [J]. Quarterly Journal of Economics, 1985 (100): 1313 - 1329.

[134] Melitz M. J. The Impact of Trade on Intra-Industry Reallocations and Aggregate Industry Productivity [J]. Econometrica, 2003, 71 (6): 1695 -1725.

[135] Meng B. & Miroudot S. Towards Measuring Trade in Value Added and Other Indicators of Global Value Chains: Current OECD Work Using I/O table [M]. UNSD and WTO, Geneva, Switzerland, 2011.

[136] Narula R. Foreign Direct Investment Spillovers, Absorptive Capacities and Human Capital Development: Evidence From Argentina [J]. Working papers Ilo, 2005, 10: 199 -218.

[137] Neary P. J. Foreign Competition and Wage Inequality [J]. Review of International Economics, 2002 (10): 680 -693.

[138] Paluzie E. Trade Policy and Regional Inequalities [J]. Papers in Regional Science, 2001 (80): 67 -85.

[139] Parello C. P. A North - South model of Intellectual Property rights Protection and Skill accumulation [J]. Journal of Development Economics, 2008, 85 (1 -2): 253 -281.

[140] Pedroni P. & Yao J. Y. Regional Income Divergence in China [J]. Journal of Asian Economics, 2006, 17 (2): 294 -315.

[141] Rodriguez – Pose, A. & Gill, N. How Does Trade Affect Regional Disparities? [J]. World Development, 2006 (34): 1201 – 1222.

[142] Rodrik D. Has Globalization Gone Too Far? [M]. Washington, D. C: Institute for International Economics, 1997.

[143] Savvides A. Inflation and Monetary Policy in Selected West and Central African Countries [J]. World development, 1998, 26 (5): 809 – 827.

[144] Slaughter M. J. Trade Liberalization and Per Capita Income Convergence: A Difference-in-differences Analysis [J]. Journal of International Economics, 2001 (10): 203 – 228.

[145] Spilimbergo A. Illegal Immigration, Borer Enforcement, and Relative Wages: Evidence from Apprehensions at the US – Mexico Border [J]. American Economic Review, 1999, 89 (5): 1337 – 1357.

[146] Vernon R. International Investment and International Trade in The Product Cycle [J]. The Quarterly Journal of Economics, 1966 (80): 190 – 207.

[147] Wood A. How Trade Hurt Unskilled Worker [J]. Journal of Economic Perspectives, 2015, 9 (3): 57 – 80.

[148] Xing Y. & Detert, N. How the iPhone widens the US Trade Deficit with the PRC [R]. Grip Discussion Papers, 2011, 10.

[149] Yeaple S. R. A Simple Model of Firm Heterogeneity, International trade, and Wages [J]. Journal of International Economics, 2005 (65): 1 – 20.

[150] Zhou L., Biswas, B., Bowles, T. & Saunders, P. J. Impact of Globalization on Income Distribution Inequality in 60 countries [J]. Global Economy Journal, 2011, 11: 1 – 18.